Schweiz und Europa (EU)

Studien zum Für und Wider eines Beitritts der Schweiz in die EU

EIGENHEIT UND POLITISCHE POSITION DER SCHWEIZ

Juergen H. Schulze

Eigenheit und politische Position der Schweiz

Inhaltsverzeichnis

1. Der Mythos Schweiz

1.1 Die Grundhaltung der Schweizer
1.2 Die besonderen Eigenheiten der Schweiz
1.3 Außenpolitische Spannungsfelder
1.4 Direkte Demokratie oder europäische Integration?
1.5 Wie steht es um die direkte Demokratie der Schweiz?
1.6 Die Neutralität – ein alter Zopf?

2. Elemente der direkten Demokratie

2.1 Staatsoberhaupt und Regierung im föderalistischen Kontext
2.2 Die politischen Parteien der Schweiz
2.3 Die Macht der Interessenverbände

3. Die Europapolitik der Schweiz

3.1 Die Rolle der Schweiz in der Nachkriegszeit
3.2 Der bilaterale Weg
3.3 Die bilateralen Verträge
3.4 Umsetzung der Schengen/Dublin Zusammenarbeit

4. Analyse der europapolitischen Ausgangslage bei Bund und Kantonen

4.1 Ein EWR – Beitritt als Option aus Regierungssicht
4.2 Einschätzung der Auswirkung eines EU –Beitritts aus Regierungssicht
4.3 Auswirkungen der Europapolitik des Bundes auf die Kantone
4.4 Volksinitiative: Volkssouveränität statt Behördenpropaganda
4.5 Wie tragfähig ist der Bilateralismus

5. Die Position der politischen Parteien

5.1   Der stärkste EU – Gegner ist die Schweizerische Volkspartei
5.2   Die sozialdemokratische Partei fordert den EU – Beitritt
5.3   Die Freisinnig – Demokratische Partei setzt auf den bilateralen Weg
5.4   Charta für eine liberal – soziale Schweiz der CVP
5.5   Die Grüne sagt ja zum EU – Beitritt – aber nicht um jeden Preis

6.   Fazit

EIGENHEIT UND POLITISCHE POSITION DER SCHWEIZ

Das historisch geprägte Dilemma der Schweiz, sich zwischen nationaler Autonomie und internationaler Einflussnahme zu entscheiden, ist einer der Angelpunkte zum Verständnis der Ausrichtung der heutigen Außenpolitik. Zur Wahrung ihrer Neutralität, aber auch zum Schutz eines starken Föderalismus und der direkten Demokratie hat die Schweiz in der Vergangenheit fast immer der Wahrung von Autonomie gegenüber der Stärkung von Einfluss den Vorzug gegeben.[141]

Dies bezeichnet eindrücklich die politische Ausgangslage für die Forschungsarbeit. Darauf abgestützt, befasst sich dieses Kapitel schwerpunktmäßig mit der Erforschung der Erfahrungen der Schweiz in Bezug auf die europäische Integration.

Dabei geht es darum, die Meinungen und Argumentationen der verschiedenen Anspruchsgruppen zu erfassen, damit später in einem weiteren Schritt qualitative Aussagen zur Europapolitik gemacht werden können. Neben Beiträgen der Regierung werden auch Forschungsergebnisse sowie Expertenmeinungen beigezogen, um einen breiten Blickwinkel auf die aussenpolitischen Strömungen zu gewährleisten.

---

[140] Weber 1972, S. 545: Aus dem Themenbereich: „Herrschaft und Verwaltung. Wesen und Grenzen demokratischer Verwaltung".

[141] Vgl. Klöti [et al.] 2006, S. 618

Die Erkenntnisse aus der letzten großen Volksinitiative „Ja zu Europa"[142] vom 4. März 2001 bilden dabei den Einstiegspunkt zur Forschungsarbeit. Nach eidgenössischen Volksabstimmungen werden in der Schweiz seit 1977 sogenannte Vox-Analysen durchgeführt. Die VOX-Analysen haben das Ziel, das Stimmverhalten der Stimmbürger und Stimmbürgerinnen in ihren Sachentscheidungen besser zu verstehen. Diese Art der Analyse wird auch als „die Stimme des Volkes" bezeichnet und kommt aus dem Lateinischen mit dem Wortlaut „Vox populi".

Die Erhebungen geben dabei Auskunft über das Stimmverhalten der Bevölkerung, das als Informationsstand zum Zeitpunkt der Abstimmung vorhanden ist und auf welcher Basis die Stimmberechtigten ihre Entscheidungen getroffen haben. Weiter zeigen die Resultate, welche individuell relevanten Gründe für die Stimmabgabe massgebend sind. Es ist ein Ziel der VOX-Analyse herauszufinden, welche Botschaften aus den Kampagnen verstanden und befolgt werden. Zu diesem Zweck wird in der Schweiz eine repräsentative Stichprobe von rund 1000 stimmberechtigten Personen nach Werthaltungen, politischen Meinungen und Verhaltensweisen, Partei- und Vereinszugehörigkeit, dem Kenntnisgrad der Vorlagen, den verschiedenen Aspekten des Sachentscheids, der Meinungsbildung und der Einschätzung der Wichtigkeit jeder Vorlage befragt.

Die VOX-Analysen sind sowohl der Politik als auch der Öffentlichkeit gut bekannte und viel zitierte Meinungsumfragen und genießen eine hohe

Akzeptanz. Die konkreten Analysen werden von den politikwissenschaftlichen Instituten der Universitäten Bern, Genf und Zürich ausgewertet.

Die Befragungen werden jeweils von einem professionellen Forschungsinstitut durchgeführt und koordiniert. Die schweizerische Bundeskanzlei unterstützt diese Analysen finanziell. Aufgrund der sehr hohen Zahl von Volksabstimmungen auf nationalem Niveau und ihrer lückenlosen Erforschung seit 1977 sind die VOX-Analysen in besonderem Masse geeignet, die Meinungsbildung und die Entscheidung in politischen Fragen zu dokumentieren. Die Daten der Befragungen stehen spätestens ein Jahr nach den Abstimmungen über das Datenarchiv SIDOS für die wissenschaftliche Forschung bereit. Sie können in verschiedenen Dissertationen und Forschungsberichten gewinnbringend verwendet werden.

Auch zur Initiative „Ja zu Europa" ist eine qualitativ aussagekräftige Analyse erstellt worden, und es zeigen sich die folgenden Resultate. Die Volksinitiative wird von den Stimmbürgern mit 76,9 Prozent Nein-Stimmenanteil abgelehnt. Hierzu wird mit der VOX-Analyse festgehalten, dass die Initiative einzig bei den Sympathisanten der Sozialdemokratischen Partei (SP) und der damit eng korrelierten Gruppe der politisch links stehenden Anhängerschaft eine, allerdings eher knappe Mehrheit (58%) erobern kann.

---

[142] Vgl. Bundesamt für Statistik [Hrsg.] 2008b, o. S: Publikation der Abstimmungsresultate aus dem Jahr 2001.

Bei allen übrigen Bevölkerungsgruppen, egal ob nach Bildungs-, Alters- und Einkommensklassen oder nach Wohnort oder Sprachgruppen unterteilt, überwiegt mehr oder weniger deutlich das Nein. Sogar Personen, welche an sich für eine außenpolitische Öffnung der Schweiz eintreten, lehnen die Initiative ab. Die sonst bei außenpolitischen Abstimmungen bekannten Differenzierungen nach Ausbildungsniveau, Wohnort und Sprachregion spielen auch bei der Europa-Initiative eine vergleichbar starke Rolle. Bei Personen mit hoher formaler Bildung, aus Städten und aus der französischsprachigen Schweiz schneidet die Vorlage deutlich besser ab. Auffallend ist, dass die Romandie (Westschweiz) im Gegensatz zur EWR-Abstimmung von 1992 ebenfalls mehrheitlich Nein-Stimmen abgibt.

Diese Tatsache wird in ersten Reaktionen als Einebnung des Gegensatzes zwischen den Sprachregionen begründet. Festzuhalten ist jedoch, dass der Unterschied zur Deutschschweiz mit 22 Prozentpunkten auch diesmal beträchtlich war. Im Gegensatz zur EWR-Abstimmung von 1992 geben sich diesmal politisch weniger interessierte Romands EU-skeptisch und lehnen die Initiative deutlich ab.

Die Sympathisanten der Sozialdemokratischen Partei stehen mit ihrer Zustimmung relativ isoliert da. Anders als bei früheren außenpolitischen Vorlagen nehmen die der Freisinnig-Demokratischen Partei (FDP) und die der Christlichdemokratischen Volkspartei (CVP) nahestehenden Personen keine Mittelstellung zwischen den Polen der Sozialdemokratischen Partei (SP) und Schweizerischen Volkspartei (SVP) ein, sondern entscheiden ähnlich wie die SVP-Anhänger. Die CVP-Sympathisanten desavouieren damit klar ihre nationale Delegiertenversammlung, welche Zustimmung empfohlen hat.

Trotz des vorwiegend von jungen Personen gebildeten Initiativkomitees unterscheidet sich das Stimmverhalten der verschiedenen Altersgruppen nicht voneinander. Für die Befürworter der Initiative ist der Wunsch nach einem möglichst raschen EU-Beitritt der Schweiz zentral. Bei den Nein-Stimmenden lassen sich zwei klar unterschiedlich argumentierende Gruppen ausmachen. Diejenigen, welche das von der Initiative postulierte, rasche Vorgehen ablehnen und diejenigen, welche a priori gegen einen EU-Beitritt sind. Die Beitrittsgegner sind unter den Stimmenden mit einem Anteil von 51 Prozent etwas stärker vertreten als diejenigen, welche lediglich den Zeitpunkt für die Verhandlungsaufnahme als verfrüht beurteilen (39%).

In der französischsprachigen Schweiz wird der Nein-Entscheid häufiger als in der Deutschschweiz mit dem falschen Zeitpunkt für die Aufnahme von Beitrittsverhandlungen begründet. Aber für immerhin 44 Prozent der gegen die Initiative stimmenden Romands ist die Ablehnung eines EU-Beitritts ausschlaggebend (Deutschschweiz: 52%). Bei den Sympathisanten der FDP und der SP dominiert das Argument des ungünstigen Zeitpunktes, bei der CVP und vor allem bei der SVP steht die grundsätzliche Ablehnung eines Beitritts im Vordergrund. Am stärksten unterscheiden sich die Ja von den Nein-Stimmenden bei der Frage nach dem richtigen Zeitpunkt für die Aufnahme von Beitrittsverhandlungen. Von den Befürwortern der Initiative glauben 80 Prozent, von den Gegnern aber nur 13 Prozent, dass sich ein

Zuwarten negativ auf die Verhandlungsposition der Schweiz auswirken wird.

Das formale Argument, dass die Kompetenz zur Eröffnung von Verhandlungen beim Bundesrat bleiben soll, spielt hingegen keine Rolle und wird sowohl von Befürwortern als auch von Gegnern der Initiative knapp abgelehnt. Nur eine Minderheit von rund einem Drittel der Nein-Stimmenden vertritt die Meinung, dass die Schweiz überhaupt nie Beitrittsverhandlungen mit der EU aufnehmen soll. Damit ist auch gesagt, dass die Abstimmung in der Wahrnehmung einer klaren Mehrheit sowohl der Stimmenden als auch der Nein-Stimmenden kein Plebiszit über die Grundsatzfrage eines EU-Beitritts
ist.[143]

1. Der Mythos Schweiz

Es ist erstaunlich, dass im ersten Jahrzehnt des 21. Jahrhunderts die öffentliche Erklärung im Sinne von „Schweizertum"derart stark äußern. Es gibt verschiedene Erkennungszeichen, wie das Schweizer Kreuz auf rotem Hintergrund auf Kleidungsstücken, Dekorationsgegenständen oder Fahnen. Die starke Identität der Schweizer Bevölkerung gegenüber dem eigenen Land demonstriert die tief verankerte „Swissness"[144] der Bürger.

Doch was begründet diese starke Haltung und was sind die Hintergründe dafür? Für die direkte Demokratie und die außenpolitische Neutralität, den Zusammenhalt unterschiedlicher Sprachgruppen, die wirtschaftliche

Modernität, den Wohlstand, die Weltoffenheit und die Sauberkeit, ist die Schweiz weltweit bekannt. Die Gründe für dieses Phänomen Schweiz[145] werden aber auch immer wieder in der geographischen Lage – in der Mitte von Europa und durch die Gebirgskette der Alpen abgeschottet – gesucht und bestätigt.

[143] Vgl. Hirter und Linder 2001; dazu auch Bundesamt für Statistik [Hrsg.] 2008b, o. S
[144] Vgl. Gollob 2006, 123ff.
[145] Vgl. Kreis 1996, S. 109: Als Phänomen wird hier auch die eidgenössische Solidarität auf der Basis einer Wertegemeinschaft verstanden.

Am besten lassen sich die Besonderheiten der Schweiz jedoch im historischen Rückblick verstehen. Für die Schweiz, als eine auf sich selbst gestellte wehrhafte Nation, ist der Mythos vom Rütlischwur und Wilhelm Tell[146] bezeichnend und zeigt den geschichtlichen Hintergrund und den Werdegang der Entstehung des Kleinstaates und schließlich auch vom Sonderfall Schweiz.

Der Sage nach begann alles mit dem Rütlischwur, welchen die drei Eidgenossen Werner Stauffacher von Schwyz, Walter Fürst von Uri und Arnold von Melchtal aus Unterwalden schwören, dass sich die drei Gründungskantone durch eine Allianz gegen jegliche Bedrohung gemeinsam verteidigen werden.

> *„Wir wollen sein ein einzig Volk von Brüdern,*
> *In keiner Not uns trennen und Gefahr.*
> *Wir wollen frei sein wie die Väter waren,*

Eher den Tod als in der Knechtschaft leben.
Wir wollen trauen auf den höchsten Gott
Und uns nicht fürchten vor der Macht der Menschen".[147]

Dies ist wohl der folgenreichste Eid der schweizerischen Literaturgeschichte, welcher im erhabenen Licht der Morgendämmerung durch die Landsleute von Uri, Schwyz und Unterwalden geschworen worden ist. Ort des Bühnengeschehens von Friedrich Schillers Wilhelm Tell ist eine stille Wiese oberhalb vom Vierwaldstättersee, welche Rütli genannt wird. Im Namen des Hauses Habsburg werden die seit je her freien Bauern vom sadistischen Vogt Gessler unterjocht, beraubt, geschändet sowie schamlos ausgenutzt.

Das Ziel der neuen Allianz ist also, das heilige und natürliche Recht wieder in Kraft zu setzen. Die Freiheit, in der sich diese Humanität entfalten soll, kommt nicht durch Aufbruch in eine voraussetzungslose Zukunft, sondern durch belebende Rückbesinnung auf den Geist der Vergangenheit zustande. Der Bund, welcher auf der abgeschieden Rütliwiese geschlossen wird, versteht sich als Bekräftigung einer älteren Union. Im Archiv von Schwyz liegt dazu die in lateinischer Sprache abgefasste Bundesurkunde:

---

[146] Vgl. Hauri 1907, S. 16ff; Pfister 2006, S. 310: Die Quelle für die Schweizer Befreiungsgeschichte und für die Sage von Wilhelm Tell ist „Das Weisse Buch"von Sarnen. Neben dem Bundeseid von 1291 ist dieses Buch die bekannteste Geschichtsquelle über die alten Eidgenossen.

[147] Hauri 1907, S. 34: Bundesschwur nach Schiller

"In einer gefährlichen und schlimmen Zeit, wo man vor Beschwerden und Beleidigungen, vor Gewalt und Angriff nicht sicher ist, wollen wir uns und die Unsrigen schirmen. Darum geloben wir uns in guten Treuen, uns mit Rat und Tat, mit Leib und Gut nach bestem Vermögen beizustehen und Hilfe zu leisten innerhalb der Täler und außerhalb, gegen alle und jede die uns Gewalt, Beschwerde und Unrecht zufügen, einem Einzelnen oder einem ganzen Teil. Und darauf leisten wir ohne alle Gefährde einen feierlichen Eid, durch welchen wir die alte Form unseres Bundes erneuern".[148]

Der Bund anerkennt keinen Adel mehr an, sondern nur noch die Brüderlichkeit. Sie entsteht nicht durch erzwungene Gleichmacherei, sondern aus einem Akt freiwilliger Selbstangleichung und ist also ebenfalls eine Wiederherstellung eines älteren, besseren Zustandes. Eine klassenlose Gesellschaft ist aber nicht geplant. Wer Hirte oder Bauer ist, bleibt es auch nach dem Bundesschluss. Das Recht zum Widerstand, das auf dem Rütli so erhaben beschworen wird, leitet sich daraus ab, dass ein jeder, der die Ernte dem Boden der Natur abgerungen hat, es nun in Kraft des natürlichen Rechtes sein Eigen nennen darf. Feudalherren können da nur als Räuber auftreten. Legitim ist allein die Oberhoheit des Reichs, unter der Voraussetzung, dass dessen Oberhaupt, der Kaiser, das Recht schützt – was er im Falle von Uri, Schwyz und Unterwalden damals schmählich versäumt hat. So vereinbaren die Verschwörer auf dem Rütli, zum Äußersten getrieben, an Weihnachten die Zwingburgen zu stürmen. Spontane Selbsthilfe oder gar Rache wird ausdrücklich untersagt. Der

Befreiungsschlag wird nötig, denn allzu zahm gebärdet sich das Bündnis der widerstandswilligen Bevölkerung. Die Geschichte kommt ins Rollen, als der einsame Alpenjäger Wilhelm Tell vom Landvogt Gessler gezwungen wird, mit der Armbrust auf einen Apfel zu schießen, den sein kleiner Sohn auf dem Haupte trägt. Der Kunstschuss gelingt zwar, doch wird der Schütze danach von den Mächten des Bösen gefangen gesetzt, ohne dass ihm die Rütlischwörer zur Hilfe eilen.

So muss sich der unzähmbare Jäger selbst helfen. Es gelingt ihm die Flucht aus der Gefangenschaft, und er lauert dem Tyrannen Gessler in der Hohlen Gasse vor Küssnacht auf und erschießt ihn mit seiner Armbrust. Der Tod von Gessler ist das Zeichen zum Aufstand, und überall im Lande fallen in der Folge die Zwingburgen. Mit der wieder erkämpften Urfreiheit wird die Gemeinde der Brüderlichen in die Geschichte entlassen.

[148] Hauri 1907, S. 12: Eid zum ewigen Bund vom 1. August 1291, heute Schweizer Nationalfeiertag.

Schillers 1804 uraufgeführtes Schauspiel ist eine späte, doch dafür umso wirkungsvollere Version einer mehr als dreihundert Jahre alten Geschichte. Nach anfänglich offenbar eher spröden Reaktionen in der Eidgenossenschaft wird das Stück des deutschen Autors schliesslich zur maßgeblichen Vergegenwärtigung des mythischen Anfangs der Schweizer Nationalgeschichte anerkennt. Bis heute glaubt – wie aus Befragungen hervorgeht – ein grosser Teil der Schweizer Bevölkerung, aber auch der übrigen Europäer, dass es so, wie bei Schiller beschrieben, und nicht anders bei der Gründung der Nation zugegangen sei.[149]

Dementsprechend lebt die Legende fort. So erstaunt es wohl kaum, dass noch heute am Gründungstag der starke Patriotismus spürbar ist, wenn am 1. August um Mitternacht die Höhenfeuer[150] auf den Hügelketten lodern und weit über die Kantonsgrenzen hinaus leuchten. Zu Beginn des 21. Jahrhunderts lässt sich natürlich auch aus der Rütli- und Tellerzählung ableiten, dass die Schweiz am besten fährt, wenn sie den Alleingang wählt und außerhalb der Europäischen Union bleibt. Diese Argumentation zeigt, wie stark der Mythos der Geschichte mit der Gegenwart verschmelzen kann. Es stellt sich die Frage nach dem Zusammenhang zwischen Vergangenheit und Zukunft und ob vielleicht der Sonderfall Schweiz darauf abgestützt begründet werden kann?

Um hier einen tieferen Einblick zu erhalten, soll der kulturelle Aspekt erstmals durchleuchtet werden.

Im Hinblick auf die schweizerische Solidarität fällt es gewiss leicht, in Kleingruppen und auf geographisch kleinem Raum gemeinsame Interessen auszumachen, sich mit ihnen zu identifizieren, sie zu pflegen und mit den Angehörigen solidarisch zu sein. In großen supranationalen Institutionen wird dies zunehmend schwieriger. In den Dimensionen wie beispielsweise bei der EU muss das gemeinsame Interesse über Ideen festgelegt und vermittelt werden. In der Phase „Nation-Building" hat sich die Schweiz aus Kleingruppen (einzelne Kantone) über die Nationalidee zu einer Solidargemeinschaft entwickelt, so dass die einzelnen Teile zueinander die

Einstellung einer Großfamilie entwickeln konnten. Diese Gemeinschaftsbildung[151] hat schließlich auch den „Spirit of Switzerland" hervorgebracht und die Nation stark gemacht. Jetzt, da es um die Einbindung in eine supranationale Gemeinschaft geht, müssen diese Abgrenzungen wieder abgetragen werden, die zuvor Jahrhunderte lang aufgebaut worden sind. Wie die Nationenbildung jedes Staates ist auch der Aufbau vom „Spirit of Europa" möglich und könnte als solcher angestrebt werden. Dies würde keine nationale Selbstaufgabe erfordern, sondern nur eine Erweiterung des Gemeinschaftsbewusstseins und des Solidaritätskreises.[152]

---

[149] Vgl. Reinhardt 2007, S. 6ff.
[150] Die Höhenfeuer dienten als Warnsignal bei nahendem Feind
[151] Vgl. Weber 1972, S. 528: Zum einen kann die Gemeinschaftsbildung aus einer Sprachgemeinschaft entstehen, zum anderen ist die gemeinsame Sprache aber keine zwingende Voraussetzung für die Entstehung einer Nation. Als Beispiele werden hier Serben und Kroaten resp. Amerikaner, Iren und Engländer oder das Schweizer Volk genannt.
[152] Vgl. Kreis 1996, S. 125f

1.1 Die Grundhaltung der Schweizer

Es ist wohl kaum übertrieben, wenn die Schweizer Bürger als sehr heimatverbunden beschrieben werden. Heimat als Territorium und Erlebnisraum haben in der Schweiz einen hohen Stellenwert. Gerade im Zusammenhang mit der europäischen Integration steht der Begriff Heimat immer auch in einem gewissen Spannungszustand. Was verliert die Schweiz, wenn sie sich integriert und mit Europa verbündet? Ist die Schweiz danach noch die Schweiz, die wir heute kennen? Die aus diesen Aussagen bedrohte Identität der Heimat mobilisiert natürliche psychosoziale Abwehrmechanismen. Politische und wirtschaftliche Isolation, Fremdenfeindlichkeiten und starke Polarisierungen können daraus als Begleiterscheinung hervorgehen.[153]

Aus diesem Blickwinkel heraus ist gerade die Grundhaltung der Schweizer Bürger besonders interessant. Seit der Gründung der Schweizerischen Eidgenossenschaft haben sich innerhalb der Landesgrenze über die Jahre starke Grundwerte manifestiert. So ist es ein starkes, öffentliches Anliegen der Bevölkerung, dass sich die Schweiz in den außenpolitischen Fragestellungen stets neutral verhält. Die Schweizer Armee, abgestützt auf die Neutralität, wird beispielsweise stets nur auf die Landesverteidigung ausgerichtet sein. Die politische und wirtschaftliche Unabhängigkeit ist ein wichtiger Bestandteil der Gesellschaft. Gerade die Neutralitätsfrage wird im Zusammenhang mit dem EU Beitritt stets auf das Heftigste diskutiert. Die Fragestellung, in wie weit die Neutralität durch den Beitritt tangiert wird, ist von den Befürwortern wie auch von den Gegnern ein beliebtes Thema.

Besonders die contra-EU gesinnten Fraktionen betonten diesen Punkt als äußerst kritisch. Gerade die Tatsache, dass die nach außen gelebte neutrale Haltung gefährdet werden könnte, findet beim Stimmvolk starken Anklang. Es gehört zu den Eigenheiten der schweizerischen Geschichte, dass das Land etliche Umwege einschlagen musste und dass die Bewohner der

Schweiz zu lernen hatten, wie mit diesen Umwegen umzugehen ist. Die Schweiz fährt damit gut und lernt sich anzupassen.

Doch die Eidgenossen verstehen es auch als Nutznießer und Teilhaber an den Werken der Großen teilzuhaben.[154]

[153] Vgl. Eck 1990, S. 18ff

[154] Vgl. Schweizerische Gemeinnützige Gesellschaft 1991, S. 13

1.2 Die besonderen Eigenheiten der Schweiz

Die direkte Demokratie mit dem ausgeprägten Föderalismus, die Neutralität und die Mehrsprachigkeit sind die markanten Ausprägungen des Schweizer Staatswesens. Jede Säule ist in sich imposant, aber erst durch die gemeinsame Architektur bildet sich der Sonderfall Schweiz. Er bedingt eine gewisse geistige Disposition, und die wichtigste Voraussetzung dazu ist der Gemeinsinn. In diesem Zusammenhang wird oft von Bürgersinn der Zivilgesellschaft gesprochen.[155]

Mit den vier Landessprachen: Deutsch, Französisch, Italienisch und Rätoromanisch hat die Schweiz eine grundlegend andere und kaum vergleichbare Zusammensetzung als andere Staaten und kann auch als multikulturelle Einheit bezeichnet werden. Die internen Sprachgrenzen kommen nicht nur in der Kommunikation zum Ausdruck, sondern auch in einer kulturellen Abgrenzung zueinander. So gilt der französisch sprechende Landesteil eher als liberal mit Einfluss von Frankreich, der deutsch sprechende Teil und insbesondere die Innerschweiz gelten als eher konservativ. Der anteilig kleinere Teil der italienisch sprechenden Bevölkerung orientiert sich über die Landesgrenze hinaus an Italien. Trotz der sprachlichen und kulturellen Unterschiede fühlen sich die einzelnen Regionen jedoch sehr zur Schweiz verbunden und zeigen sich jederzeit sehr patriotisch als integrierte Bestandteile der Schweizerischen Eidgenossenschaft. Aber gerade bei politisch wichtigen Abstimmungen zeigt sich immer wieder die unterschiedliche Denkhaltung zwischen der Deutsch- und Westschweizer Bevölkerung, was auch gelegentlich mit dem „Röschti-Graben"[156] dokumentiert wird.

1.3 Außenpolitische Spannungsfelder der schweizerischen Identität

Wichtige konstituierende Elemente des politischen Systems der Schweiz, wie die direkte Demokratie und der Föderalismus, machen die öffentliche Meinung zu einem zentralen Einflussfaktor in außenpolitischen Anpassungsprozessen. Während viele außenpolitische Geschäfte in der Öffentlichkeit meist wenig sichtbar sind, werden fundamentale Weichenstellungen vor allem mittels Initiativen und Referenden unmittelbar an den Willen der Wählerschaft gebunden. Zusätzlich besteht bei bestimmten Vorlagen, wie beim Beitritt der Schweiz zu Organisation für kollektive Sicherheit oder
zu supranationalen Gemeinschaften, die zwingende Erfordernis der Zustimmung mit einer Ständemehrheit, welche kleinen, ländlichen und

damit in der Regel außenpolitisch konservativ gesinnten Kantonen überproportionalen Einfluss gewährt.

[155] Vgl. Widmer 2007, S. 169

[156] Vgl. Münkel 2004 S. 17ff: Röschti-Graben besteht aus zwei Wortgruppen, wobei „Röschti"für ein typisches Deutschschweizer Kartoffelgericht steht und der „Graben" die Bedeutung von einem Hindernis als Grenze trägt, womit die unterschiedliche Denkhaltung der Deutschschweiz und Romandie zum Ausdruck gebracht wird.

Diese stark direktdemokratische Komponente bewirkt, dass wichtige außenpolitische Entscheidungen von einem breiten gesellschaftlichen Konsens getragen werden müssen.
Dies hat zur Folge hat, dass tiefgreifende Änderungen oft politisch nicht durchsetzbar sind.[157] In Anbetracht einer europäischen Integration hat gerade dieses Spannungsfeld eine verstärkte Diskussion über die Identität der Schweiz hervorgebracht. Die kognitiven wie auch emotionalen Teile der Identität sind politisch relevant, weil ihre gemeinsame Unterstützung die Unterscheidung der Gesellschaft von den Anderen wie auch ihre innere Kontinuität und Einheit sichern. Darin finden sich unter anderem das Nationalgefühl, Nationalstolz mit vaterländischem Geist, Patriotismus oder Heimatliebe. Das Gefühl vom Sonderfall Schweiz wird durch die staatliche Unabhängigkeit, welche heute in Europa schon fast einen Ausnahmefall darstellt, gefestigt und gestärkt. Die Andersartigkeit[158] der Schweiz bezieht sich dabei nicht nur auf die direkte Demokratie als solche, sondern auch auf die Kombination der Elemente wie etwa den ausgeprägten Föderalismus, die Konkordanz oder die politischen Machtverhältnisse, für welche dieses

Land die Einzigartigkeit beanspruchen darf.[159] Grundlage bildet dafür die politische Kultur, woraus schliesslich die gemeinschaftsbildende Macht entsteht:

*„Eine starke politische Kultur kann ein wichtiges **Bindemittel einer Nation** sein. Sie hat gemeinschaftsbildende Macht. In der Schweiz ist dies in hohem Masse der Fall. [...] Daraus wird verständlich, dass eine Nation sensibel reagiert, wenn sie die diffuse Angst hat, eine einschneidende politische Maßnahme wie beispielsweise ein EU-Beitritt könnte die für ihre Identität und ihr Überleben so wichtige politische Kultur aushöhlen".*[160]

Die Europäische Integration der Nachbarländer und die Globalisierung mit einer weltweiten Vernetzung, hat das politische Umfeld der Schweiz nachhaltig geprägt und verändert. Die Neutralität hat beispielsweise ihre einstige Bedeutung im Zeitalter der Systeme kollektiver Sicherheit größtenteils verloren, da das Konzept einer vollen nationalen Souveränität für einen Kleinstaat wie die Schweiz kaum mehr Glaubwürdigkeit beanspruchen kann.

---

[157] Vgl. Klöti [et al.] 2006, S. 72

[158] Vgl. dazu Berger und Luckmann 1966, S. 53ff: Theorie des sozialen Konstruktivismus: Die Alltagsrealität wird durch die Wahrnehmung bestimmter Werte beeinflusst, welche zu einer Annahme oder Ablehnung bestimmter Aspekte der sozialen Wirklichkeit führen kann, was hier mit der Empfindung der Andersartigkeit ausgedrückt wird.

[159] Vgl. Klöti [et al.] 2006, S. 31f.

[160] Villiger 2009, S. 25

So hat zum Beispiel die Schweizer Armee seit der Abstimmung zur Grundsatzfrage „Schweiz ohne Armee" im Jahr 1998, welche nur knapp abgelehnt wurde, eher einen funktionellen Charakter und muss ihre künftige Rolle erst noch finden. Die Sicherheitspolitik befindet sich seither in einer Epoche des Umbruchs, was die Ausgaben für die Landesverteidigung im Vergleich zu den Bundesausgaben bestätigen. Im Jahr 1980 hat die Schweiz etwas mehr als 20 Prozent der Bundesausgaben für die Aufrechterhaltung der Landesverteidigung ausgegeben. Im Vergleich dazu sind es, 23 Jahre später, im Jahr 2003 nur noch 9 Prozent.[161]

In vielen anderen Aufgabenbereichen wie der Landwirtschafts- oder der Energiepolitik, die auf die nationale Umgebung hin ausgerichtet sind, muss eine Neuausrichtung erst noch definiert werden. Gerade hier zeigt sich der selbstherrliche Idealismus der Vergangenheit als hinderlich für den Wandel zu einer neuen, auf die veränderte Umwelt angepasste Identität. Durch die überhöhte nationale und regionale Identifikation läuft die Schweiz hier in Gefahr, sich neuen politischen oder wirtschaftlichen Realitäten zu verweigern.

1.4 Direkte Demokratie oder europäische Integration

Anlässlich der Tagung „Direkte Demokratie und europäische Integration" griffen zwei Rechtsprofessoren die Grundsatzfrage der europäischen Integration und der direkten Demokratie in der Europäischen Union auf. Dem Scheitern der EU-Verfassung und den möglichen Lösungsansätzen kommen dabei besondere Aufmerksamkeiten zu. Die Tagung hat aber auch ein politisches Podiumsgespräch beinhaltet und war verschiedenen Vertreterinnen und Vertretern der schweizerischen Bundesratsparteien gewidmet, wobei hauptsächlich drei Fragen debattiert wurden:

- Inwiefern würden unsere Volksrechte im Falle eines EU-Beitritts eingeschränkt?
- Wie autonom ist die Schweiz mit dem bilateralen Weg wirklich?
- Ist die direkte Demokratie in der gegenwärtigen Form noch aktuell?

Die erste Frage präsentierte die klassische Befürworter- und Gegner-Debatte zum EU-Beitritt. Letztere sehen im Falle eines Beitrittes schwere Verluste der direkten Demokratie, da das europäische Recht mit dem Schweizer Recht in Konflikt treten würde und das Schweizer Stimmvolk nicht mehr über Referenden und Initiativen Einfluss nehmen kann.

[161] Vgl. Klöti [et al.] 2006, S. 643

Die Beitrittsbefürworter stellten die globale Perspektive mit all den Vorteilen in den Vordergrund, welche die Einschränkungen der direkten Demokratie kompensieren werden.

Die zweite Frage ist mit der ersten eng verbunden und geht vom Gedanken aus, dass die Schweiz –wie bereits in der Vergangenheit – ständig ihre Gesetze an die der europäischen Gesetzgebung anzupassen hätte, um eurokompatibel zu bleiben. Dieser Anpassungsprozess ist auch unter der Bezeichnung „autonomer Nachvollzug" bekannt.

Nach Meinung der Gegner hat die Schweiz in dieser Hinsicht längst einen Teil ihrer Souveränität eingebüßt, wogegen die Befürworter der Meinung sind, dass die Schweiz nur Beschlüsse technischer Art übernommen habe und frei über die Steuer-, Währungs- und Sicherheitspolitik entscheiden könne.

Die Grundsatzdebatte über die Aktualität der direkten Demokratie wurde dabei nur am Rand geführt. Als Problemfeld wurde die Gefahr, dass die direkte Demokratie in Zukunft einer ausgehöhlten, inhaltslosen Hülle gleichen könnte, mit einigen Beispielen diskutiert. Dies könnte nach Meinung der Experten schon heute die schwache Stimmbeteiligung bei Volksabstimmungen erklären.[162]

Innerhalb der Diskussionen zu direktdemokratische Mechanismen gilt es aber auch die Nachteile zu beachten:

„Im Vorteil sind diejenigen Bevölkerungsschichten, die sich für Politik interessieren und bereit sind, aktiv daran mitzuwirken. [...] Gut ausgebildete Bürgerinnen und Bürger haben eher die Chance sich bei direktdemokratischen Verfahren zu artikulieren [...] als weniger Gebildete. Die von vielen Anhängern plebiszitärer Demokratie eigentlich verfolgte Absicht, die Interessen benachteiligter Schichten stärker zur Geltung zu bringen, wird dadurch eher ins Gegenteil verkehrt. [...] Die fehlende Bereitschaft der überwiegenden Mehrheit eines Volkes, sich «rund um die

Uhr» mit politischen Fragen zu befassen, birgt die große Gefahr, dass sich bei demokratischen Verfahren radikale populistische Kräfte (populistisch = Vorurteile, Gefühle und Ängste der Bevölkerung ansprechend) leichter durchsetzen als bei repräsentativen Mechanismen".[163]

Diese Diskussion ist bezeichnend für die aktuelle öffentliche Debatte rund um das Thema der Autonomie und der direkten Demokratie der Schweiz. Auch die öffentlichen Medien greifen den Punkt regelmäßig auf, womit bekundet wird, dass hier ein besonders sensibler Bereich bezüglich Beitrittsverhandlung vorliegt.

[162] Vgl. Barblan 2007, S. 72f.
[163] Adam 2007, S. 64

1.5 Wie steht es um die direkte Demokratie der Schweiz?

Aufgrund der direkten Demokratie kann die schweizerische Bundesverfassung nicht geändert werden, ohne dass in einer Volksabstimmung eine Mehrheit des Volkes und der Kantone zustimmen. Auch bei Gesetzesänderungen oder beim Abschluss internationaler Verträge kann das Volk in letzter Instanz entscheiden. Ganz anders ist es hingegen bei der Europäischen Union, wo das Volk grundsätzlich von solchen Entscheiden ausgeschlossen wird. So hat damals das Stimmvolk von Deutschland nicht wählen können, ob sie ihre Währung behalten wollen.

Die Engländer haben kein Volksrecht um mitzubestimmen, ob sie mit der Osterweiterung einverstanden sind. Die direkte Demokratie hat den großen

Vorteil, dass das Volk „Nein" sagen kann. Warum ist die Mehrwertsteuer in der Schweiz mit 7,6 Prozent viel tiefer als in der EU? Es gibt Stimmen, die besagen der Satz sei so tief, weil in der Schweiz der Steuersatz in der Verfassung verankert ist. Tatsache ist, dass bei jeder Steuererhöhung das Stimmvolk darüber abstimmen kann, ob es mit der Erhöhung einverstanden ist. Die Unabhängigkeit der Schweiz heisst Handlungsfreiheit. Diese erlaubt der Nation, eine eigenständige Außenwirtschaftspolitik zu führen. Die direkte Demokratie und die Handlungsfreiheit der Schweiz schaffen wesentliche Voraussetzungen für den Wohlstand und die Sicherheit der Nation. Leider ist der Spielraum, welchen die Schweiz aufgrund ihrer Unabhängigkeit hat, in den letzten Jahren viel zu wenig genutzt worden. Zu groß ist in der Verwaltung und Politik der Anpassungsdrang an die Europäische Union.[164]

Die hier aufgezeigten Argumente zeigen, wie emotional geladen die EU-Debatte gerade im Bezug auf die direkte Demokratie geführt wird. Bei diesem Thema werden die Schweizerinnen und Schweizer an einem doch sehr wunden Punkt getroffen. Es erstaunt umso weniger, dass auch in der Fachpresse diese Begebenheit behandelt wird.

Im Mai 2008 hat „Die Weltwoche" eine Online-Befragung zur direkten Demokratie der Schweiz geschaltet. Die Umfrage kann zwar nicht als repräsentativ eingestuft werden, dennoch zeigt sie die Grundhaltung der Leser und soll hier den Trend der öffentlichen Meinung abfangen.

Prozentuale Verteilung der Antworten:

Weiß nicht: 1,6%
Nein: 42,6%
Ja: 55,8%

Anzahl der Antworten

Weiß nicht: 21
Nein: 549
Ja: 719

Abb. 2: Online-Umfrage zur direkten Demokratie der Schweiz

[164] Vgl. Barblan 2007, S. 99ff.

Von den 1289 eingegangen Antworten haben 719 der Befragten die Frage mit Ja beantwortet, was einem Ja-Stimmenanteil von 55,8 Prozent entspricht, und nur gerade 42,6 Prozent verneinten die Gefahr.[165] Die erhobenen Aussagen bestätigen damit die angespannte Stimmung innerhalb der Schweiz. In Bezug auf die Beitrittsfrage herrscht in der Schweiz die Befürchtung, dass der heutige Zustand endgültig verloren geht. Die starke Verankerung der Einflussnahme des Stimmvolkes ist auch heute noch ein Kernthema gegenüber der Europäischen Union.

Wie hart und erbittert der Kampf um die Erhaltung der Demokratie entfacht ist, zeigt sich auch an der Mitgliederversammlung der „Aktion für eine unabhängige und neutrale Schweiz"(AUNS). Mittels einer Resolution bekräftigen die Anhänger ihre Entschlossenheit. Der Fokus der Aktionsgruppe liegt klar bei der Bekämpfung des „Ausverkaufs der Schweiz". Die Erhaltung der schweizerischen Unabhängigkeit und Neutralität steht klar im Vordergrund. Nach Meinung der AUNS hat die

Europäische Union ein Problem mit Volksentscheiden, was allein schon mit den 40'000 Paragrafen und Akten produzierenden EU-Beamten belegt sei.[166] Aufgrund der Popularität der Interessengruppe mit über 46'000 Mitgliedern und Sympathisanten hat die AUNS innerhalb den Schweizer Landesgrenzen einen beachtlichen Einfluss und kann aktiv am politischen Entscheidungsprozess teilnehmen. So ist es auch nicht erstaunlich, dass ab Mai 2008 Unterschriften für eine Volksinitiative gesammelt werden. Der politische Vorstoß trägt den kämpferischen Namen: Für die Stärkung der Volksrechte in der Außenpolitik (Staatsverträge vors Volk!).[167] Die angestrebte Initiative verfolgt das Ziel, dass die wichtigen außenpolitischen Vorlagen generell dem obligatorischen Referendum unterstellt werden.

Dies wird, falls die Vorlage zustande kommt und angenommen werden sollte, mittels einer Anpassung des Artikel 140, Absatz 1, der schweizerischen Bundesverfassung geschehen.

Der Vorstoß beinhaltet auch noch zusätzlich, dass neue einmalige Ausgaben von mehr als einer Milliarde Franken oder wiederkehrende Ausgaben von mehr als 100 Million Franken ebenfalls dem obligatorischen Referendum unterliegen. Stärke und Entschlossenheit zeigt die AUNS damit, dass im Vorfeld im Mai an über 14 Standorten am gleichen Tag Unterschriften für die Initiative gesammelt werden könnten.

Der Ablauf der Unterschriftensammlung ist auf den 4. September 2009 angesetzt. Markant und bemerkenswert ist die Visualisierung der Kampagne, welche provokativ den Namen „Stopp dem schleichenden EU-Beitritt!" trägt.

[165] Vgl. Die Weltwoche 2008, o. S. [Hrsg.]
[166] Vgl. Bänninger [et al.] 2008, S. 2 [Hrsg.]
[167] Aktion für eine unabhängige und neutrale Schweiz 2008, o. S. [Hrsg.]; dazu auch Church 2004, S. 269ff: Zusammen mit der SVP stellt die AUNS die stärkste Gruppe der EU-Skeptiker.

Doch dazu gibt es auch Stimmen die besagen, dass die von der Schweiz gepflegte direkte Demokratie aufgrund der fehlenden EU-Mitgliedschaft zunehmend ausgehöhlt wird. In immer mehr Bereichen ist die Schweiz gezwungen, das EU-Recht direkt in die schweizerische Gesetzgebung zu übernehmen. Der Zwang besteht darin, dass die Übernahme von politischer und wirtschaftlicher Diskriminierung schützt. Dieser Prozess höhlt nach Meinung der EU-Befürworter die direkte Demokratie zunehmend aus.

Die EU-Mitgliedschaft führt darum nicht zu einem Abbau, sondern zu einem Umbau der direkten Demokratie. Es gehört zu den politisch-kulturellen Eigenheiten der Schweiz, dass sie mehrheitlich ihre nationale Souveränität überschätzt, beziehungsweise die formelle Souveränität mit der realen viel zu sehr gleichsetzt. Von den Gegnern eines EU-Beitritts wird darum mit Enthusiasmus argumentiert, dass die Kompensation eines Teils der nationalen demokratischen Gestaltungsmacht durch erhöhte Mitentscheidungsrechte in der Europäischen Union einem Souveränitätsverlust gleich komme.

Vielmehr ist ein Mitentscheidungsrecht am Ort, an dem heute die relevanten Entscheide gefällt werden, ein Souveränitätsgewinn. Wo bleibt denn diese immer wieder heraufbeschworene Souveränität, wenn die Schweiz immer häufiger EU-Verordnungen wortwörtlich abschreibt und in ihre eigene Rechtsordnung überträgt, weil sie sich nur so vor

Diskriminierungen und wirtschaftlichen Nachteilen schützen kann? Es stellt sich auch die Frage, ob die Möglichkeit in Brüssel mitentscheiden zu können, nicht klar höher zu werten ist, als nur noch ein theoretisches direktdemokratisches Mitentscheidungsrecht zu pflegen? Nüchtern hat darum die Schweizer Bevölkerung zur Kenntnis zu nehmen, dass die Internationalisierung beziehungsweise die Europäisierung der schweizerischen Gesetzgebung in den letzten fünfzehn Jahren massiv zugenommen hat. Dies ist teilweise auch eine negative Konsequenz des bilateralen Weges.

Die statischen Verträge tragen der dynamischen Rechtsentwicklung ungenügend Rechnung, und trotzdem ist die Schweiz einem starken Anpassungsdruck ausgesetzt.

Dies bedeutet, dass auch ohne EU-Beitritt eine sukzessive Erosion der politischen Souveränität der Schweiz stattfindet. Ein Nein zum EU-Beitritt bedeutet deshalb nicht, dass die demokratischen Potentiale in der Schweiz gewahrt werden. Das Gegenteil ist der Fall, denn nur die Mitgliedschaft in der EU erlaubt der Schweiz, auf europäischer Ebene jenen Teil der Souveränität zurückzugewinnen, den sie heute ohne EU-Mitgliedschaft – etwa in Form des autonomen Nachvollzugs vom EU-Recht – zunehmend verliert. Es stellt sich deshalb die Frage, was denn der EU-Beitritt effektiv bei den souveränen Volksentscheiden ändert. Laut verschiedener Studien wären bei einem Beitritt der Schweiz rund 10 bis 15 Prozent der Volksabstimmungen nicht mehr wie bisher möglich, weil die Nation in diesem Bereich ihre Souveränität der Europäischen Union übertragen hat.

Auf kantonaler Ebene sind in der Vergangenheit von 1993 bis 1998 rund 88 Prozent aller Volksabstimmungen EU-kompatibel. Um diese Zahlen bewerten zu können, muss hier der Umfang jener Rechtssetzung gegenübergestellt werden, welche die Schweiz heute zwar formell souverän beschließt, die aber weitgehend von der Europäischen Union erwirkt, beeinflusst oder angestoßen wird. Von 51 Gesetzen, bei welchen die Bundesversammlung ab Mitte der 90er Jahre die Gesetzgebung verändert hat, erfolgt dies 21-mal freiwillig in einer mit dem EU-Recht vereinbarten Art (autonomer Nachvollzug), und 19-mal ist das EU-Recht gar nicht betroffen, und bei sechs Fällen hat die Bundesversammlungen Entscheidungen getroffen, welche nicht mit der EU vereinbar gewesen wären. Die These vom Souveränitätsgewinn lässt sich auch an den schweizerischen Erfahrungen illustrieren. Die Kantone wären heute längst zu unbedeutenden Vollzugsorganen zentralistischer Strukturen geworden, wenn sie sich nicht 1848 in einem Bund zusammengeschlossen hätten, der ihre Souveränität und Eigenständigkeit ausdrücklich garantiert. Die Probleme, die zusammen besser gelöst werden können, werden stets an den Bund delegiert.[168]

1.6 Die Neutralität –ein alter Zopf?

Der Begriff neutral stammt aus dem Lateinischen als „Neuter", was „keiner von beiden" bedeutet.[169] Auf nationaler Ebene ist die Neutralität als

Instrument zur Wahrung der Unabhängigkeit in der schweizerischen Bundesverfassung erwähnt. Die Neutralität gehört in die Kompetenz des Bundesrates und der Bundesversammlung, sie ist aber nicht als Verfassungsprinzip verankert. Jeder neutrale Staat kann die Neutralität so ausgestalten, dass sie seine Glaubwürdigkeit stärkt und seinen Interessen entgegenkommt.

Die Schweiz hat im Lauf der Jahrhunderte mehrmals ihre Neutralität den Begebenheiten anpassen müssen. Doch bevor es zur schweizerischen Neutralität gekommen ist, wirkten die überraschenden Erfolge der Schweizer Gewalthaufen[170] gegen habsburgische Ritterheere im 14. Jahrhundert noch als verheißungsvoller Auftakt einer breit angelegten Expansionspolitik. Zu den herausragenden Siegen der alten Eidgenossen gehören die Schlachten von Morgarten (1315) und Sempach (1386).[171]

---

[168] Vgl. Barblan 2007, S. 102f.
[169] Vgl. Langejürgen 1993, 25: Neutralität drückt den staatlichen Wunsch der Unparteilichkeit aus.
[170] Vgl. Kurz 1977, S. 165ff: Schweizerschlachten im Überblick
[171] Vgl. Hermann 1979, S. 54ff

Entscheidend für die einschneidende Wende bei der Außenpolitik der Schweizer Gründungskantone ist aber erst die vernichtende Niederlage des Schweizer Aufgebots in der Schlacht von Marignano vor den Toren Mailands im Jahre 1515.[172] Erst dieser schwere Rückschlag um die Vorherrschaft in Norditalien offenbarte den Eidgenossen die eigene Zerbrechlichkeit des Staatenbündnisses. Vor diesem Hintergrund verhält sich die Eidgenossenschaft in außenpolitischen Fragen fortan neutral.

Ausschlaggebend dafür ist die Erkenntnis, dass staatliche Institutionen, die aus Gründen der inneren Struktur wie beispielsweise ethnische Vielfalt, sprachliche Heterogenität und konfessionelle Spaltungen für eine zentral gelenkte, offensive Außenpolitik nicht geeignet ist und bei der Einmischung in fremde Händel nur die Unparteilichkeit den Staat dauerhaft sichern kann.[173] Dieser Sachverhalt hat die außenpolitische Situation auch maßgeblich geprägt:

„«Integration oder Isolation» - ein kurzer Nenner, auf den sich die schweizerische Außenpolitik seit dem Zweiten Weltkrieg bringen lässt".[174]

Wird die Neutralitätspolitik der Schweiz in der Nachkriegszeit mit Österreich verglichen, so unterschieden sich die beiden Haltungen der beiden Länder von Beginn weg. Die „aktive Neutralität" Österreichs, durch den im Dezember 1955 erfolgte Beitritt zu den Vereinten Nationen verdeutlicht, ermöglicht den neugewonnen Spielraum im Rahmen des Möglichen zu nutzen und die Nation ließ sich vorwiegend von politischen Überlegungen leiten. Die Schweiz argumentierte dagegen viel stärker mit Bezug auf die Legalität agierte mit entsprechender Zurückhaltung.[175] Seit dem Ende des Kalten Krieges steht die Neutralität in einem stark veränderten Umfeld. Auf der einen Seite hat die Häufigkeit herkömmlicher militärischer Konflikte zwischen Staaten abgenommen, andererseits spielen sich die gewaltsamen Auseinandersetzungen viel globaler und vernetzter ab als früher. Auf solche Konflikte ist die Neutralität jedoch nicht zugeschnitten.

Diesen Veränderungen hat der Bundesrat auch in der Ausgestaltung der Neutralitätspolitik Rechnung getragen. Grundlage der heutigen Neutralitätspolitik bilden der Bericht zur Neutralität von 1993 und der Sicherheitspolitische Bericht 2000. In der Schweiz stellt sich dabei immer die Grundsatzfrage, welches Engagement sich mit dem Neutralitätsrecht vereinbaren lässt. Abgestützt auf dieses Recht besteht in Friedenszeiten ein großer Handlungsspielraum.

[172] Vgl. dazu Im Hof 2007, S. 44ff; Bonjour 1978, S. 8: Der Rückzug bei der Eidgenossen nach verlorener Schlacht, bringt die Wende und gilt aus Zeitepoche der Entstehung des Gedankengutes zur Neutralität.
[173] Vgl. Langejürgen 1993, S. 25f.
[174] Graf 1996, S. 11
[175] Vgl. Jenny 1996, S. 45

Friedensfördernde Maßnahmen sind unbedenklich, die militärische Zusammenarbeit mit ausländischen Partnern ist grundsätzlich möglich. Die Grenze des Zulässigen wird jedoch überschritten, wenn die neutrale Schweiz durch ihr Engagement eine Beistandsverpflichtung für den Kriegsfall eingehen soll. Dies ist ausdrücklich der Fall, wenn die Schweiz mit folgenden Situationen konfrontiert wird:

- Vollzug von Wirtschaftssanktionen, die von der UNO verhängt werden.
- Teilnahme an Wirtschaftssanktionen, die von anderen internationalen Akteuren (z.B. EU) verhängt werden.

- Gewährung von Transitrechten für friedensunterstützende Operationen, wenn sie aufgrund eines Mandats des UNO-Sicherheitsrats oder mit der Zustimmung der Konfliktparteien erfolgen.
- Teilnahme an friedenserzwingenden Operationen, mit militärischen Mitteln bei Kampfhandlungen zur Friedenserzwingung.

Die Aufzählung ist nicht abschließend. Es gilt hier noch zu beachten, dass ein Beitritt zur NATO nicht möglich ist, da dieser die Verpflichtung zum Beistand im Kriegsfall einschließt. Die Mitgliedschaft in internationalen Organisationen wie OSZE, Europarat, UNO und EU ist jedoch unter bestimmten Voraussetzungen möglich. Dies wird vor allem mit der Beistandspflicht im Kriegsfall begründet.[176] Es stellt sich hier jedoch auch generell die Frage wie die Schweizer Bevölkerung darüber denkt und welchen Stellenwert die Neutralität heute überhaupt noch hat. Da gerade von den EU-Gegnern das Argument der Neutralität immer wieder auf den Tisch kommt, muss diesem Punkt entsprechende Bedeutung beigemessen werden. Abgestützt auf einer Umfrage vom Eidgenössischen Departement für auswärtige Angelegenheiten zeigt sich das folgende Bild:

Die Neutralität der Schweiz ist mir persönlich:

wichtig 63%
eher wichtig 21%
eher unwichtig 11%
unwichtig 5%

Die Neutralität schützt die Schweiz vor Konflikten:

einverstanden   65%
nicht einverstanden   35%
Abb. 3: Umfrage zur Neutralität der Schweiz[177]

[176] Vgl. Eidgenössisches Departement für auswärtige Angelegenheiten 2007, o. S. [Hrsg.]

[177] Vgl. Eidgenössisches Departement für auswärtige Angelegenheiten 2007, o. S. [Hrsg.]

Von den über 1000 Antworten bekräftigen 63 Prozent, dass die Neutralität der Schweiz persönlich als wichtig empfunden wird. Mit nur gerade 5 Prozent der Antworten wird diese Frage als unwichtig bezeichnet, womit die Umfrage hier ein klares Bild der abgegebenen Meinung zeigt. Fast zwei Drittel der Antwortenden erachtet die Neutralität als ein Instrument zum Schutz vor Konflikten. Etwas mehr als die Hälfte ist der Meinung, dass sich die Schweiz als neutrale Nation bei den außenpolitischen Fragestellungen genau richtig verhält, wobei 55 Prozent der Befragten der Meinung sind, dass sich die Nation bei Konflikten doch stärker positionieren soll. Die Abschaffung der Neutralität ist seit jeher ein heikler Punkt und wird auch entsprechend wahrgenommen und kommentiert:

„If Switzerland should ever see herself obliged by the course of world-wide events to give up her neutrality, a conscientious retrospect would enable her to do so without regretting her past".[178]

Es gilt auch zu bedenken, dass verschiedene neutrale Staaten heute Mitglieder der EU sind und die Schweiz der UNO beigetreten ist, ohne die Neutralität ernsthaft in Frage zu stellen. Neutralität hat folgerichtig eben die beschriebene Doppelspurigkeit: Zum einen geht es um eine völkerrechtlich definierte Doktrin, welche einem Land einiges gebietet oder verbietet, zum anderen aber ruft Neutralität einen Komplex von Vorstellungen auf, welche in der Bevölkerung nach vor lebendig verankert sind und weit über die neutralitätsrechtliche Dimension hinausreichen.[179]

2. Elemente der direkten Demokratie

Im internationalen Vergleich weist das schweizerische Politiksystem einige Besonderheiten auf. Dazu gehören die direkte Demokratie, ein nicht zentralisierter Föderalismus mit hoher Autonomie der Kantone und ihrer Gemeinden sowie ein ausgeprägter Politikstil durch Aufrechterhaltung der Konkordanz mit einer proportionalen Machtteilung, was sich durch die Beteiligung aller großen Gruppen an den Entscheidungsprozessen meist mit Konfliktlösung durch Eingestehung von Kompromissen äußert.

Gerade diese Prozesse zeichnen die urtypische politische Kultur aus, und diese Charakteristiken des Schweizer Systems stehen politisch kaum zur Disposition. Die getroffenen Entscheidungen sind in der Regel sehr dauerhaft.

---

[178] Ernst zitiert von Muschg 1996, S. 265: Fritz Ernst ist Autor von „European Switzerland".
[179] Vgl. Freiburghaus 2009, S. 355

Diese Eigenschaften sind jedoch nicht nur ein rationales Verfahren, sondern entsprechen den Wertvorstellungen der Bürgerinnen und Bürger und damit auch der Kultur des Landes. Das ausgeprägte Volksrecht ist eine der viel genannten Besonderheiten der schweizerischen Demokratie.

Diese besonderen Rechte erweitern die Einflussmöglichkeiten der Bürgerinnen und Bürger auf allen Stufen beträchtlich gegenüber dem global verbreiteten Normalmodell repräsentativer Demokratien.

Gerade diese Grundrechte erfüllen die Schweizer Bevölkerung mit Stolz, was in Umfragen als das beliebteste Element der politischen Institutionen bestätigt wird. Dieses doch so populäre Politsystem stellt aber auch besonders hohe und nicht als selbstverständlich erfüllbare Ansprüche an die Stimmbevölkerung. Nur so ist auch erklärbar, dass trotz dieser Popularität der Volksrechte im Schnitt nur rund 40 Prozent der stimmberechtigten Bevölkerung an die Urne geht und damit diese Rechte auch wahrnimmt.[180] Wird die direkte Demokratie der Schweiz auf der Zeitachse der Entstehung analysiert, so kennt die Schweiz beispielsweise:

- seit 1848 das obligatorische Verfassungsreferendum für Total- oder Partialrevisionen der Verfassung
- seit 1874 das fakultative Gesetzesreferendum
- seit 1891 die Volksinitiative auf Partialrevisionen der Verfassung
- seit 1921 das Staatsvertragsreferendum
- seit 1949 das auflösende Referendum bei dringlichen Bundesbeschlüssen
- seit 1977 das erweiterte Staatsvertragsreferendum[181]

Die Stimmbürgerinnen und Stimmbürger nehmen damit direkten Einfluss auf die verschiedenen Elemente, die den eigentlichen Kern der Demokratie bilden und zu Bürgerstolz führen. Das Kernelement des politischen Systems ist mit Sicherheit die direkte Demokratie, welche nach einem mehrstufigen Prinzip aufgebaut ist. Dabei unterstehen die grundlegenden Entscheide, welche zu einer Verfassungsänderung führen, dem obligatorischen Referendum.

Eine Verfassungsänderung gilt als angenommen, wenn die doppelte Mehrheit in Form von Volksstimmen und eine Ständemehrheit erreicht wird. Ein weiteres Element der direkten Demokratie ist das fakultative Referendum. Parlamentsentscheide, welche das Bundesgesetz oder internationale Verträge betreffen, unterstehen dem fakultativen Referendum.

[180] Vgl. Klöti [et al.] 2006, S. 23
[181] Möckli 1993, S. 3f

Das Stimmvolk kann mit 50'000 Unterschriften zu den bezeichneten Vorlagen das Referendum ergreifen, welche danach nur mit einer nationalen Mehrheit verabschiedet werden können. Auf Anregung von 100.000 Stimmbürgern können zusätzliche Vorlagen und Begehren zu Gesetzesänderungen über eine Volksinitiative lanciert werden. Die schweizerische Form der Demokratie würde jedoch bei einem EU-Beitritt eingeschränkt, denn Initiativen und Referenden fänden am Gemeinschaftsrecht ihre Schranken:

„Nun wird gesagt, das wäre gar nicht so oft der Fall, und auch der Bilateralismus beeinflusse faktisch die Volksrechte. Das ist wohl so, aber möglicherweise verfehlen diese Argumente den Kern der Sache. Die alte Eidgenossenschaft war gewiss keine Musterdemokratie, weder in den Kantonen noch gar auf Bundesebene. Aber es gab mehr Menschen, welche Besitz und Einfluss auf die öffentlichen Dinge hatten als in absolutistischen Staaten. [...] Es ist nicht zufällig, dass in der Schweiz die Stimmberechtigten als «der Souverän» bezeichnet werden. Man lässt zwar regieren, man stimmt in der Regel zu, aber man will eben auch Nein sagen können".[182]

Es gibt viele Begründungen für die große Wertschätzung der direkten Demokratie. Das Schweizer Modell[183] ist mit Sicherheit ein Garant für die gelebte Bürgernähe, die ausgewogene politische Machtverteilung gekoppelt mit einer großen Akzeptanz nach getroffenen Entscheidungen. Dieser Erkenntnisse werden mit diesem Zitat ebenfalls abschließend hervorgehoben:

„For twenty years I preached to the students of Princeton that the Referendum and the Recall was bosh. I have since investigated and I want to apologize to those students. It is the safeguard of politics. It takes power from the boss and places it in the hand of the people".[184]

[182] Vgl. Freiburghaus 2009, S. 357
[183] Vgl. Moeckli 2008, S. 41ff: Besonders die Struktur des politischen Systems der Schweiz.
[184] Wilson 1911 zitiert von Cronin 1989, S. 38: WoodrowWilson war US-Präsident von 1913 bis 1921.

2.1 Staatsoberhaupt und Regierung im föderalistischen Kontext

Die Exekutive wird durch den Bundesrat mit 7 Mitgliedern gestellt. Die Wahl der Bundesräte erfolgt durch die vereinigte Bundesversammlung (Legislative). Das Parlament besteht aus zwei gleichberechtigten Kammern, dem National- und dem Ständerat. Die 200 Mitglieder des Nationalrates repräsentieren die Bevölkerung des jeweiligen Kantons, da die Mitglieder proportional zur Bevölkerungszahl pro Kanton gewählt werden können.

Dagegen besteht der Ständerat aus 46 Mitgliedern, wobei jeder Kanton – unabhängig von der Größe – zwei Nationalratssitze, respektive ein Halbkanton einen Sitz einsetzen kann. Mit dieser Aufteilung wird sichergestellt, dass auch die kleinen und bevölkerungsarmen Kantone einen relativ großen Einfluss in der nationalen Politik besetzen können. Das Parlament wird direkt vom Stimmvolk mit einer Legislaturperiode von vier Jahren gewählt. Der Föderalismus und die damit verbundene Kultur der starken Autonomie von Gemeinden und Kantonen, werden von den Bürgerinnen und Bürger auf verschiedene Weise glaubhaft erlebt:

- Selbstständige Behördenorganisationen
- Eigene Steuer- und Schulhoheit
- Eigenständiger Vollzug der meisten Aufgaben auf lokaler Ebene

Nach Umfrageergebnissen fühlt sich die Schweizer Bevölkerung am meisten den Gemeinden auf der einen Seite sowie der Schweiz als Ganzes auf der anderen Seite zugehörig.[185]

2.2 Die politischen Parteien der Schweiz

Per Definition sind Parteien intermediäre Organisationen zwischen Staat und Gesellschaft. Dabei streben Parteien nach der Kontrolle über den Staatsapparat und die damit verbundenen staatlichen Entscheidungen. Die politischen Parteien haben unter den nichtstaatlichen Organisationen die engste Beziehung zum schweizerischen Staat. Das Mittel dazu ist die Teilnahme an Wahlen, was dazu führt, dass die meisten Mitglieder im Parlament und der Regierung durch Parteien besetzt werden. Als intermediäre Organisationen sind sie gewissermaßen der Transmissionsriemen zwischen Staat und Gesellschaft.[186]

[185] Vgl. Klöti [et al.] 2006, S. 25f.
[186] Vgl. Moeckli, S. 2008, S. 77

Die Weltanschauungen und damit auch die parteipolitischen Positionen korrelieren in der Schweiz –wie auch in anderen europäischen Ländern – sehr stark mit dem Parteispektrum zwischen den „Linken" und den „Rechten"Gruppierungen.[187] Ein kurzer Exkurs ist zum Ursprung dieser Einteilung ist hier angebracht und lässt sich wie folgt erklären:

"Der Ursprung der Begriffe «rechts» und «links» ist in den Sitzordnungen bestimmter Volksvertretungen zu suchen, denn gewisse Parlamentarier sitzen rechts der Mitte des Saales und andere links davon. [...] Zur Zeit der französischen Revolution gab es in Kontinentaleuropa zum ersten Mal Volksvertretungen im modernen Sinn des Wortes. Damals umfasste die Linke jene Personen, die der bestehenden Ordnung kritisch gegenüberstanden und grundsätzliche Änderungen vornehmen wollten. [...] Sie sind mit der bestehenden Gesellschaftsordnung eher unzufrieden, weil sie oft zu den

schwächeren und benachteiligten Schichten gehören. Im Gegensatz dazu befürwortete [...] die Rechte die bestehende Gesellschaftsordnung und war (und ist noch heute) zu beschränkten Änderungen bereit. Als bürgerliche und damit wirtschaftlich stärkere Schicht ist sie mit der bestehenden Ordnung weitgehend zufrieden".[188]

Die politische Struktur ist im Hinblick eines EU Beitritts stark polarisierend und bedarf zum besseren Verständnis einer Begriffsklärung. Mit dem Adjektiv „bürgerlich" oder dem Substantiv „Bürgertum" wird in der Schweiz eine bestimmte Gesellschaftsschicht angesprochen. In dieser Bezeichnung schwingt das französische „Bourgeois" noch mit, allerdings recht abgeschwächt. Im Politischen beinhaltet die Bezeichnung vornehmlich den Mittelstand.

[187] Vgl. Golay 2008, 30f: Die „extreme Rechte" widersetzt sich jeglicher Öffnung gegen aussen. Sie ist antieuropäisch und fremdenfeindlich. Ihre Anhänger stammen aus allen Gesellschaftsschichten, es ist

deshalb schwierig festzulegen, wessen Interessen sie genau vertritt. Sie ist ein Sammelbecken für die vom „System" enttäuschen Bürgerinnen und Bürger und für die Gegner jeglicher Änderungen. Zu ihr gehören Teile der Schweizerischen Volkspartei (SVP), Eidgenössisch-Demokratische Union (UDF), Schweizer Demokraten (SD) und Lega die Ticinesi (Lega). Die „extreme Linke" befürwortet eine starke Stellung des Staates in Wirtschaftsfragen und ein gleichmacherisches Gesellschaftssystem. Sie fordert hohe Steuern für Reiche und vertritt die Interessen der schweizerischen Arbeiterschaft und der benachteiligten Schichten. Zu ihr gehören Teile der Sozialdemokratischen Partei der Schweiz (SPS), Bewegung für Sozialismus (BFS) und Partei der Arbeit der Schweiz (PdA).

[188] Gabriel 1997, S. 36

Die Begriffe decken sich weitgehend und umfassen ein breites gesellschaftliches Spektrum, im Grunde vor allem alle Bürger, die sich in gesicherten oder komfortablen finanziellen Verhältnissen befinden. In der modernen Schweizer Gesellschaft, in der sich die Klassengegensätze stark abgeschliffen haben, reicht der Begriff „Bürgertum" weit in die Sozialdemokratie und ins grüne Parteispektrum hinein, welches oft auch als links-bürgerlich bezeichnet wird. In der Schweiz steht der Begriff parteipolitisch jedoch eher für rechts-bürgerlich. Die Freisinnig-Demokratische Partei (FDP) und die Schweizerische Volkspartei (SVP), aber auch die Christlichdemokratische Volkspartei (CVP) beanspruchen, bürgerliche Werte zu vertreten.[189] Wird die Sitzverteilung der Parteien des Nationalrates nach dem Wähleranteil von 2007 eingeordnet betrachtet, so ergibt sich das folgende Bild:

- Schweizerische Volkspartei (SVP)
- Sozialdemokratische Partei (SP)
- Freisinnig-Demokratische Partei (FDP)

- Christlichdemokratische Volkspartei (CVP)
- Grüne Partei der Schweiz (Grüne)
- Evangelische Volkspartei der Schweiz (EVP)
- Liberale Partei der Schweiz (LPS)

Wähleranteil in Prozent

SVP	2007	29.0%
	2003	26.6%
SPS	2007	19.5%
	2003	23.3%
FDP	2007	15.6%
	2003	17.3%
CVP	2007	14.6%
	2003	14.4%
GPS	2007	9.6%
	2003	7.4%

Abb. 4: Parteipolitische Zusammensetzung im Nationalrat der Schweiz[190]

[189] Vgl. Widmer, P. 2007, S. 170f.

[190] Vgl. Das Schweizer Parlament 2008, o. S. [Hrsg.].

Von den Nationalratsparteien mit einem Anteil von mehr als zwei Prozent Wählern erlangt die SVP dabei mit 29 Prozent den stärksten und die GPS mit 9,6 Prozent den schwächsten Wähleranteil. Die SPS, FDP und CVP liegen mit einem Anteil von 19,5 bis 14,5 Prozent im Mittelfeld. Auffallend bei den Regierungsparteien ist, dass die Schweizerische Volkspartei ihren Wähleranteil seit 1975 fast verdreifachen konnte, während sowohl die FDP als auch die CVP seit 1983 Wählerstimmen verlieren.[191]

Die SVP hat somit über Jahre massiven Stimmenzuwachs erzielen können und baut ihre Position als wählerstärkste Partei weiter aus. In den letzten 32 Jahren steigerte sie ihre Parteistärke um fast das 3-fache, von 9,9% auf 29%. Eine solche Steigerung ist in der Geschichte der Nationalratswahlen seit den ersten Proporzwahlen von 1919 einzigartig. Mit der neu erreichten Parteistärke übertrifft die SVP zudem das bisher beste je erzielte Wahlergebnis bei eidgenössischen Proporzwahlen (FDP 1919: 28,8%). Die SVP, die fünfzig Jahre lang mit einem stabilen Wähleranteil von rund 10–12% die viertstärkste Partei und damit der Juniorpartner der bürgerlichen Parteien gewesen ist, hat nun wählermäßig klar die Vorherrschaft im bürgerlichen Lager inne. Sie ist damit fast so stark wie die FDP und die CVP zusammen. Auf lange Sicht verliert die FDP seit Jahren an Parteistärke im Nationalrat. Im Vergleich zu 1979 (22,2%) ist die FDP um ein Drittel schwächer geworden. [192]

Dagegen konnte die CVP erstmals seit langem ihre Stimmenverluste stoppen und den Wähleranteil stabilisieren. Doch dieser Sachverhalt darf nicht darüber hinwegtäuschen, dass auch die CVP über die letzten Jahre massiv Stimmenanteilen verloren hat und noch immer hinter der FDP liegt.

[191] Vgl. Moeckli 2008, S. 80f.
[192] Vgl. Bundesamt für Statistik [Hrsg.] 2007, S. 7f
[193] Vgl. Bundesamt für Statistik [Hrsg.] 2007, S. 37: Die Abbildung zeigt die fünf größten Parteien der Schweiz.

Der zweite große und langjährige Wahlsieger der Nationalratswahlen ist die Grüne Partei der Schweiz (GPS). Dank weiterer Beitritte von alternativen

Grünen zur GPS ist der organisatorische Klärungsprozess zwischen diesen beiden grünen Formationen in der Schweiz zu einem Abschluss gekommen. Die GPS verfügt nach jahrelangem Aufbau jetzt über eine Parteistärke von fast 10%. Mit diesem besten Ergebnis ihrer Geschichte hat sich die GPS klar als fünftstärkste Partei der Schweiz – und als stärkste Nicht-Bundesratspartei – etabliert.[194]

2.3 Die Macht der Interessenverbände

Ein Interessenverband ist ein Zusammenschluss von Menschen oder Unternehmungen mit ähnlichen Interessen in einer festen, hierarchisch oder manchmal auch regional gegliederten Organisation mit formaler Mitgliedschaft. Erfolgt dabei ein Zusammenschluss regionaler oder branchenspezifischer Verbände, so wird dieses Gefüge meistens auch Dachverband genannt.
Gegen außen vertritt ein solcher Dachverband die gemeinsamen Interessen der Mitglieder im politischen Willensbildungsprozess. Innerhalb des Verbandes können sich die Mitglieder gegenseitig unterstützen, gemeinsame Weiterentwicklungsprogramme betreiben, auch gemeinsam günstiger einkaufen und anderes mehr. Die Zielsetzungen der einzelnen Verbände variieren sehr. So pflegt der Schweizerische Bauernverband, welcher stark von staatlichen Geldern abhängt, die Beziehung zum Bund. Dagegen ist für den Arbeitnehmerverband die Beziehung zu den

Arbeitgebern weitaus von größerer Bedeutung, und meistens geht es dabei um den Abschluss von Gesamtarbeitsverträgen und Lohnvereinbarungen, die für jedes Mitglied existenzielle Bedeutung haben kann.[195]

Es gilt zu beachten, dass je komplexer eine Gesellschaft ist, je mehr Wirtschaftszweige und Berufsgruppen es gibt, desto unterschiedlicher auch die Interessensstrukturen sind. In einer Volkswirtschaft wie der Schweiz gibt es deshalb auch ein sehr feingliedriges Verbandssystem. Anstelle des Begriffs Interessenverband werden heute oft auch die Begriffe „Pressure Group "oder „Lobby" verwendet. Diese Bezeichnung ist durchaus zutreffend, da durch Ausübung von Druck bestimmte Arten der Einflussnahme auf den Staat und den politischen Willensbildungsprozess getätigt werden.[196]

[194] Vgl. Bundesamt für Statistik [Hrsg.] 2007, S. 7f
[195] Vgl. Moeckli 2008, S. 83ff
[196] Vgl. Becker 1983/85, S. 380f; Golay 2008, S. 32f: Theorie über den Wettbewerb zwischen Interessengruppen die besagt, dass die Möglichkeit politischer Einflussnahme der jeweiligen Gruppe durch Lobbying beeinflusst werden kann, was aber auch zwangsläufig zur Erhöhung der Aufwendungen für die Erreichung von politischen Zielen führt.

Die wirksamsten Mittel der Einflussnahme sind der Aufbau von persönlichen und partnerschaftlichen Beziehungen zu den Mitgliedern von Parlament, Regierung und der Verwaltung. Die möglichst frühzeitige Beteiligung an den Entscheidungsprozessen steht dabei im Mittelpunkt.
In der Schweiz üben die Interessenverbände ihren Einfluss auch durch Einsitznahme im Parlament aus. So sind im Jahr 2006 die Verbände mit den

Präsidenten des Schweizerischen Gewerkschaftsbundes, des Bauernverbandes, des Verkehrs-Clubs, des Gewerbeverbandes und des „Travail Suisse" in der Regierung vertreten.

Durch die Ergreifung von Referenden oder die Lancierung von Volksinitiativen können sich die Organisationen auch der Mittel der direkten Demokratie bedienen. So ist schon nur die Referendumsdrohung im Laufe der Ausgestaltung von neuen Gesetzen ein erprobtes Druckmittel um, eigene Interessen bereits im Vorfeld durchzubringen.

Die Verbandslandschaft der Schweiz ist recht bunt und vielfältig. Mehr als 1300 Einzel- und Dachverbände widerspiegeln die differenzierte Wirtschafts- und föderalistische Staatsstruktur.

Zu den wichtigsten Wirtschafts- und Arbeitgeberverbänden gehören der Verband der Schweizer Unternehmen (economiesuisse), Schweizerischer Arbeitgeberverband (SAV), Schweizerische Bankenvereinigung (SBVg), Schweizerische Maschinen-, Elektro-, Metall-Industrie (Swissmem), Schweizerische Gesellschaft für Chemische Industrie (SGCI) und die Schweizerische Metall-Union (SMU). Dazu kommen verschiedene Arbeitnehmerverbände, Organisationen und die politischen Verbände.

Generell stehen die Verbände den politischen Parteien sehr nahe, und es bestehen enge Beziehungen und personelle Verflechtungen.[197] So steht die Freisinnig-Demokratische Partei (FDP) den Wirtschaftsverbänden nahe, die Sozialdemokratische Partei (SP) identifiziert sich mit den Anliegen der Gewerkschaften und die Schweizerische Volkspartei (SVP) mit der Aktion für eine unabhängige und neutrale Schweiz (AUNS).

3. Die Europapolitik der Schweiz

Es ist wichtig zu wissen, dass das System der schweizerischen Außenpolitik anders funktioniert, als dies im restlichen Europa üblich ist. Die innenpolitischen Grundlagen der Außenpolitik in der Schweiz grenzen den für andere Länder üblichen weitreichenden Handlungsspielraum der Exekutive stark ein. Dies gilt insbesondere für das Instrument des schweizerischen Modells der direkten Demokratie.

[197] Vgl. Moeckli 2008, S. 83ff.

Obligatorische Volksabstimmungen für wichtige Staatsverträge, in denen die Zustimmung der Mehrheit des Stimmvolkes ebenso wie derjenigen der Kantone notwendig ist, werden ergänzt durch eine ganze Bandbreite möglicher fakultativer Volksbefragungen, in denen es gegnerischen Gruppierungen jeweils ein Leichtes ist, die geringe Anzahl notwendiger Unterschriften zur Abhaltung eines Referendums zu sammeln. Dieses Modell der politischen Konsensfindung hat zur Folge, dass die Regierung wie in kaum einem anderen Land darauf bedacht ist, sich durch eine möglichst breite innenpolitische Abstützung die Außenpolitik abzusichern.[198]

3.1 Die Rolle der Schweiz in der Nachkriegszeit

Wird ein Blick auf die Zeitachse gelegt, so zeigt sich genau dieser Findungsprozess in außergewöhnlicher Prägnanz. Die schweizerische Europapolitik – wie sie hier definiert wird – ist die Politik gegenüber dem europäischen Einigungsprozess und den Organisationen, die daraus hervorgegangen sind. Dieser Prozess begann nach dem Krieg zögerlich und unsystematisch, und deshalb hatte die schweizerische Europapolitik in den Jahren ab 1945 noch unklare Konturen.

Dies ändert sich erst, als mit der Montanunion sechs Staaten die erste supranationale Organisation gegründeten. Ab 1955 ist daraus eine umfassende Wirtschaftsgemeinschaft entstanden. Durch die Einführung einer internationalen Handelsorganisation wurde mittels „General Agreement on Tariffs and Trade (GATT)"der Welthandel liberalisiert und Rückfälle in den Protektionismus verhindert. Nun kam der schweizerische Außenhandel unter Druck und die eidgenössische Europapolitik bedeutet von diesem Zeitpunkt an vor allem, die Nachteile des „Nichtmitmachens" zu minimieren. Die Politik der Schweiz gegenüber dem Aufbau einer neuen Weltordnung und den frühen Bestrebungen für eine europäische Integration war zunächst von großer Zurückhaltung geprägt. Die Hauptakteurin bezüglich Außenwirtschafts- und Europapolitik war damals einzig die Handelsabteilung. Das unter dem Namen „Ständige Verhandlungsdelegation"[199] geführte Organ agierte als Bindeglied zwischen Staat und Wirtschaft. Es könnte nun vermutet werden, dass das Parlament und die Parteien sich spätestens ab diesem Zeitpunkt für die europäische Integration stark machen würden.[200] Doch sie taten es kaum:

[198] Vgl. Goetschel 1999, S. 357
[199] Vlg. Freiburghaus 2009, S. 408
[200] Vgl. Freiburghaus 2009, S. 15ff

„En réalité, entre les Chambres et le Conseil fédéral, le débat européen n'a pas lieu. A la seule exception des communistes, les députés épousent sans trop les interroger les thèses des autorités. Est-ce désintérêt? Est-ce méconnaissance? Ce qui ressort en tout cas, c'est que l'intégration européenne reste en dehors de leurs préoccupations. Elle n'est pas discutée en séance plénière; elle n'est pas abordée en commission; elle est négligée, sinon ignorée par les parties politiques. Rares sont les parlementaires qui ne reprennent pas à leur compte les craintes, scepticismes et réserves qui sont cultivés en haut lieu vis-à-vis de la construction européenne".[201]

Da ein Beitritt zur europäischen Gemeinschaft in dieser Zeit von allen relevanten politischen Kräften ausgeschlossen wurde, überließ man die „technischen" Fragen, wie man die schweizerische Wirtschaft am besten vor Nachteilen schützen konnte, den Fachleuten der Handelsabteilung. So übertrug sich die „Entpolitisierung" der Handelsabteilung auf die Europapolitik der Schweiz.[202] In der nachfolgenden Epoche entstand die EFTA (European Free Trade Association). Sie wurde 1960 durch die

Stockholmer Konvention gegründet. Um nicht isoliert zu werden, schlugen die Briten seinerzeit die Gründung der EFTA vor. Die Schweiz, Dänemark, Norwegen, Österreich, Portugal und Schweden waren sofort dafür.[203] Mit dem Übereinkommen zur Einrichtung der Europäischen Freihandelsassoziation wurde folgende Präambel verabschiedet:

[...] in der festen Absicht, die baldige Schaffung einer multilateralen Assoziation zur Beseitigung der Handelsschranken und zur Förderung einer engeren wirtschaftlichen Zusammenarbeit zwischen den Mitgliedern der Organisation [...], einschließlich der Europäischen Wirtschaftsgemeinschaft, zu erleichtern".[204]

Ende Juni 1972 waren die Verhandlungen zum Freihandelsabkommen weitgehend abgeschlossen und anschließend konnte der Vertrag dem Schweizer Volk in einem obligatorischen Referendum[205] zur Abstimmung unterbreitet werden.

---

[201] Du Bois 1989, S. 26

[202] Vgl. Freiburghaus 2009, S. 47

[203] Vgl. Schwock 2009, S. 13

[204] Schweizer Bundesrat 1960, S. 905: Botschaft des Bundesrates an die Bundesversammlung über die Beteiligung der Schweiz an der EFTA.

[205] Bundesverfassung der Schweizerischen Eidgenossenschaft 2008, Art. 140: „Obligatorisches Referendum - Volk und Ständen werden zur Abstimmung unterbreitet: Abs. b): Der Beitritt zu Organisationen für kollektive Sicherheit oder supranationalen Gemeinschaften."

Am 3. Dezember 1972 stimmten über 72,5% der Stimmbürger und alle Kantone dafür. In den städtischen Gebieten der Deutschschweiz, in der Westschweiz und im Tessin betrug der Anteil an Ja-Stimmen für das Freihandelsabkommen sogar 75%.[206] Die Zeit nach dem Abstimmungserfolg war geprägt von der Inkraftsetzung des Freihandelsabkommens und den ersten EWR-Beitrittsverhandlungen. Der schweizerische Bundesrat hat am 26. Mai 1992 das Beitrittsgesuch in Brüssel hinterlegt. Mit der Volksabstimmung vom 6. Dezember 1992 haben die stimmberechtigten Bürger den EWR Beitritt über das obligatorische Referendum abgelehnt.[207] Der Bundesbeschluss ist mit diesem Volksentscheid jedoch hinfällig geworden, und fortan steht die Schweiz in Verhandlung mit der EU bis hin zum Abschluss von bilateralen Verträgen. Damit entsteht der Sonderfall Schweiz, welcher sich fortan über den Bilateralismus kennzeichnet.

3.2 Der bilaterale Weg

Die 27 Mitgliedstaaten der EU sind mit Abstand die wichtigsten Partner der Schweiz – sowohl aufgrund des politischen und wirtschaftlichen Gewichtes, als auch durch die geografische und kulturelle Nähe zu den einzelnen Staaten. Eine besondere Bedeutung hat jedoch das wirtschaftliche Verhältnis, denn rund jeden dritten Schweizer Franken verdient das Land über die Beziehung zur EU. Angesichts dieser engen Verflechtung hat die Europapolitik sowohl für die Schweiz wie auch für die EU entscheidende

Bedeutung. Die Schweiz verfolgt gegenüber der Union eine Interessenspolitik durch bilaterale Abkommen, womit Probleme und Anliegen in einem klar umgrenzten Bereich geregelt werden. Dieses Vorgehen erlaubt maßgeschneiderte, vertragliche Lösungen für eine breite Palette von politischen und wirtschaftlichen Anliegen. Die Abkommen schaffen einerseits einen weitgehend gegenseitigen Marktzugang, andererseits sind sie die Grundlage für enge Kooperationen in wichtigen Bereichen wie Forschung, Sicherheit, Umwelt und Kultur.[208]

Der bilaterale Weg ermöglicht damit eine Politik der Offenheit und der engen Zusammenarbeit mit den europäischen Nachbarstaaten. Als Beispiel für die positive Kooperation können die Erfolge bei der grenzüberschreitenden Besteuerung von Zinseinkünften, der Betrugsbekämpfung und das Vorgehen bei der Asylpolitik genannt werden. Gleichzeitig bleibt die institutionelle Unabhängigkeit der Schweiz gewährleistet.

[206] Vgl. Schwock 2009, S. 15
[207] Vgl. Freiburghaus 2009, S. 271, dazu auch Schwock 2009, S. 18
[208] Vgl. Integrationsbüro EDA/EVD [Hrsg.] 2009, S. 4ff

Als Nicht-Mitglied verzichtet die Schweiz jedoch auf Mitentscheidungsrechte innerhalb der Europäischen Union. Insgesamt hat die Schweiz mit der EU in mehreren Etappen rund 20 Hauptabkommen und an die hundert Sekundärabkommen abgeschlossen.[209] Das Schweizer Volk hat den bilateralen Weg in einer Reihe von Abstimmungen regelmäßig bestätigt. Nach der Ablehnung des EWR-Beitritts nimmt der Bund im Jahr

1993 die Verhandlungen mit der EU auf, woraus der Bilateralismus (bilateraler Weg) hervorgeht und die beiden Vertragspakete Bilaterale I und II abgeschlossen werden können.

3.3 Die bilateralen Verträge

Die Teilnahme am EWR hätte für die Schweiz eine vollständige wirtschaftliche Integration mit einem gleichberechtigten Zugang zum Europäischen Binnenmarkt ermöglicht. Um nach dem EWR-Nein in einigen der wichtigsten Wirtschaftssektoren einen diskriminierungsfreien Marktzugang für die Schweizer Unternehmen sicherzustellen, beschloss der Bundesrat, mit der EU Verhandlungen aufzunehmen. Nach einem langen und intensiven Aushandlungsprozess unterzeichnen Bern und Brüssel schließlich im Juni 1999 sieben bilaterale Abkommen. Weil die einzelnen Abkommen nur als Gesamtheit für beide Vertragsparteien interessant sind, wird die sogenannte Guillotine-Klausel[210] eingebaut.

Diese besagt, dass die Verträge nur gemeinsam Gültigkeit haben, und sobald eines der sieben Abkommen gekündigt wird, treten auch die übrigen sechs außer Kraft.

Die sogenannten **Bilateralen I**[211] werden danach am 21. Mai 2000 vom Schweizer Stimmvolk angenommen und schließlich am 1. Juni 2002 in Kraft gesetzt. Aus dem Abkommen gehen die nachfolgenden Einigungspunkte hervor:

---

[209] Vgl. Bundesrat [Hrsg.] 2009, S. 31

[210] Vgl. Felder und Kaddous 2001, S. 17

[211] Vgl. Integrationsbüro EDA/EVD [Hrsg.] 2009, S. 5; Freiburghaus 2009 S. 293ff; Schwok 2009, S. 25ff;

1. **Die Personenfreizügigkeit**: Die Arbeitsmärkte werden schrittweise geöffnet, und nach Ablauf von Übergangsfristen können sich Schweizer und EU-Bürgerinnen und Bürger in den Vertragsstaaten niederlassen und eine Arbeit aufnehmen. Voraussetzungen sind ein gültiger Arbeitsvertrag, selbständig-erwerbende Tätigkeit oder der Nachweis über ausreichend finanzielle Mittel sowie eine Krankenversicherung.

2. **Technische Handelshemmnisse**: Die Prüfung und Zulassung von neuen Produkten für den europäischen Markt werden nur noch von einer einzigen Zertifizierungsstelle in der Schweiz oder der EU vorgenommen, womit die Produktzulassung vereinfacht wird.

3. **Öffentliches Beschaffungswesen**: Die Ausschreibungspflicht von Beschaffungen oder Bauten nach den WTO-Regeln wird auf die Gemeinden, spezifische Unternehmen und den Schienenverkehr ausgedehnt.

4. **Landwirtschaft**: Der Handel von Agrarprodukten wird in bestimmten Bereichen vereinfacht (Käse, verarbeitete Milchprodukte). Die Vereinfachung erfolgt durch Zollabbau sowie der Anerkennung der Gleichwertigkeit von Vorschriften in der Veterinärmedizin, Pflanzenschutz und der biologischen Landwirtschaft.

5. **Landverkehr**: Die Märkte für den Straßen- und Schienentransport werden schrittweise geöffnet, wobei die schweizerische Verkehrspolitik mit der Verlagerung vom Straßenverkehr auf die Schienen abgesichert wird.

6. **Luftverkehr**: Das Abkommen gewährt den Fluggesellschaften schrittweise die gegenseitigen Zugangsrechte zu den Luftverkehrsmärkten. Eigenheit und politische Position der Schweiz.

7. **Forschung**: Schweizer Forschende sowie Unternehmen können sich auch anderen EU-Forschungsprogrammen beteiligen.[212]

Trotz beidseitiger Absichtserklärung zu weiteren Verhandlungen in den Schlussakten zu den Bilateralen I steht die Europäische Kommission neuen Verhandlungen vorerst skeptisch gegenüber. Zwei neue und für die EU wichtige Anliegen an die Schweiz sind schließlich der Grund, dass sich Brüssel doch zu einer neuen Runde bereit erklärt. Ab Juni 2002 wird über zehn weitere Dossiers verhandelt, woraus letztendlich das Abkommen über die **Bilaterale II**[213] hervorgeht.

[212] Vgl. Eidgenössisches Departement für auswärtige Angelegenheiten [Hrsg.] 2008a, S. 5ff
[213] Vgl. Integrationsbüro EDA/EVD [Hrsg.] 2009, S. 5; Freiburghaus 2009 S. 313ff; Schwok 2009, S. 43ff

Für die Erweiterung kommt für Bern nur die Gesamtheit in Frage, und nach zähen Verhandlungen kann letztlich ein ausgewogenes Gesamtergebnis erreicht werden, welches sowohl die zentralen Schweizer Interessen wie auch die wichtigen Anliegen der EU berücksichtigt. Wie von der Schweiz angestrebt, werden alle Abkommen inklusive Schengen/Dublin gemeinsam abgeschlossen. Das Bankgeheimnis der Schweiz bleibt dabei gewährleistet, im Gegenzug kooperiert die Schweiz dafür bei der grenzüberschreitenden Zinsbesteuerung und dehnt ihre Zusammenarbeit bei der Betrugsbekämpfung im indirekten Steuerbereich aus. Die Bilaterale II dehnen die Zusammenarbeit mit der Europäischen Union wie folgt aus:

1. **Schengen/Dublin**: Aufhebung von systematischen Personenkontrollen im Grenzverkehr mit gleichzeitiger Verstärkung von Kontrollen an den Schengen Außengrenzen sowie Ausdehnung der internationalen Zusammenarbeit der Justiz- und Polizeibehörden zur Bekämpfung der Kriminalität. Die Dubliner Zuständigkeitsregel wird durch die Fingerabdruck-Datenbank Eurodac unterstützt, um mehrfache Asylgesuche zu vermeiden und das nationale Asylwesen zu entlasten.

2. **Zinsbesteuerung**: Die Schweiz erhebt zu Gunsten der EU-Staaten einen Steuerrückbehalt auf alle Zinserträge von natürlichen Personen mit Steuersitz in der Europäischen Union.

3. **Betrugsbekämpfung**: Ausdehnung der Zusammenarbeit im Bereich Schmuggel und anderen Deliktformen im indirekten Steuerbereich (Zoll, Mehrwert- und Verbrauchssteuer), sowie im Bereich Subvention und dem öffentlichen Beschaffungswesen.

4. **Landwirtschaftliche Verarbeitungsprodukte**: Bei einer breiten Palette der Produkte in der Nahrungsmittelindustrie werden die Zölle und Exportsubventionen endgültig abgebaut.

5. **Umwelt**: Die Schweiz wird Mitglied der Europäischen Umweltagentur, mit dem Ziel die Zusammenarbeit im Umweltbereich auszudehnen.

6. **Statistik**: Die statistische Datenerhebung wird harmonisiert, und es erfolgt eine Zusicherung bezüglich des Zugangs zur gemeinsamen Datenbasis.

7. **Media**: Die Schweizer Filmschaffenden erhalten vollberechtigten Zugang zu den Förderungsprogrammen der EU.

8. **Bildung**: Die Schweiz strebt die Teilnahme am den EU-Bildungsprogrammen 2007-2013 an.

9. **Ruhegehälter**: Das Doppelbesteuerungsabkommen von ehemaligen EU-Beamten mit Schweizer Wohnsitz wird aufgehoben.

Im Oktober 2004 werden schließlich die bilateralen Abkommen II unterzeichnet, wobei sieben davon dem fakultativen Referendum unterliegen, welches jedoch nur gegen Eigenheit und politische Position der Schweiz das Assoziierungsabkommen Schengen/Dublin ergriffen wird. Das

Schweizer Stimmvolk entscheidet sich mit 54,6 Prozent Ja-Stimmen für Schengen/Dublin. Im Gegensatz zum ersten bilateralen Vertrag sind die bilateralen Abkommen II nicht miteinander verknüpft und können einzeln in Kraft gesetzt werden.[214]

3.4 Umsetzung der Schengen/Dublin Zusammenarbeit

Im Rahmen der Schengen Zusammenarbeit wird der Reiseverkehr grundlegend erleichtert, indem die systematischen Personenkontrollen an den gemeinsamen Grenzen zwischen den Schengen-Staaten (Binnengrenzen siehe Abbildung 1) aufgehoben werden.

Um der Gefahr eines daraus folgenden Anstiegs der Kriminalität entgegen zu wirken, werden gleichzeitig eine Reihe von Maßnahmen zur Verbesserung der internationalen Justiz- und Polizei-Zusammenarbeit umgesetzt. Dazu gehören Sicherheitsmaßnahmen, wie die verschärften Kontrollen der Schengen-Außengrenzen, eine verstärkte grenzüberschreitende Polizeizusammenarbeit und die europaweite Computerfahndungsdatenbank (SIS) oder die Verbesserung der Rechtshilfe.

Mitgliedstaaten
Mitgliedstaaten mit
Sonderstatus
Zukünftige Mitgliedsstaaten
Assoziierte Staaten

Abb. 6: Schengen Mitgliedstaaten 2008[215]

Die Dubliner Zusammenarbeit soll sicherstellen, dass in Zukunft Asylsuchende lediglich ein einziges Asylgesuch im Dubliner Raum stellen können. Die Dubliner Kriterien legen fest, welcher Staat für die Behandlung eines Asylgesuchs zuständig ist und sorgen so für die Zuteilung der Verantwortung, was auch zu einer Lastenteilung führen soll.

[214] Vgl. Eidgenössisches Departement für auswärtige Angelegenheiten [Hrsg.] 2008a, S. 5ff.
[215] Eidgenössisches Departement für auswärtige Angelegenheiten [Hrsg.] 2008b, o. S.

Dank der Fingerabdruck-Datenbank Eurodac können nun alle Personen, die an mehreren Standorten Asylgesuche stellen, auch länderübergreifend erfasst, identifiziert und an das zuständige Land weitergeleitet werden. Dadurch wird die Behandlung von kostenintensiven Mehrfachgesuchen vermieden, was die nationalen Asylwesen der einzelnen Staaten entlastet.

Die Schengen/Dublin-Assoziierungsabkommen gewährleisten auch der Schweiz eine Beteiligung an der europäischen Sicherheits- und Asylzusammenarbeit. Bei der Weiterentwicklung dieser Zusammenarbeit und des entsprechenden Schengen/Dublin-Rechts hat die Schweiz ein gestaltendes Mitspracherecht, jedoch bis jetzt kein formelles Mitentscheidungsrecht. Bei jeder Weiterentwicklung des Schengen/Dublin Rechtsbestandes kann die Schweiz entscheiden, ob sie den neuen Rechtsakt übernehmen will. Im Falle einer Nicht-Übernahme sind die Vertragsparteien verpflichtet, nach pragmatischen Lösungen weiter zu suchen.

In letzter Konsequenz könnte jedoch eine Nicht-Übernahme die Kündigung der Abkommen zur Folge haben. Durch die Beteiligung der Schweiz an der Zusammenarbeit von Schengen/Dublin erhält die Eidgenossenschaft Zugriff auf wichtige Instrumente im Kampf gegen die Bekämpfung der internationalen Kriminalität. Im Zentrum steht dabei der Anschluss an die Fahndungsdatenbank SIS. Die verkehrsbehindernden, systematischen Grenzkontrollen können aufgehoben werden, und die flüssige Abwicklung des Grenzverkehrs wird gefördert.

Zudem profitiert der Schweizer Tourismusstandort von der Einführung des Schengen-Visums. Die visumspflichtigen Touristen aus Wachstumsmärkten wie China, Indien oder Russland brauchen für die Schweiz künftig kein Zweitvisum mehr, wenn sie nach Europa reisen wollen. Die Zusammenarbeit ist seit dem 1. März 2008 in Kraft getreten, wobei das formelle Inkrafttreten noch nicht die operative Beteiligung der Schweiz an der Zusammenarbeit von Schengen/Dublin bedeutet, welche frühestens im Dezember Eigenheit und politische Position der Schweiz 2008 beginnen kann. Zuvor muss die EU in einem speziellen Verfahren die Evaluation der Umsetzung der Schengener Vorschriften in der Schweiz vornehmen. Dabei werden die Polizeizusammenarbeit, Datenschutz, Sicherung der Schengen-Außengrenzen (an den Flughäfen) und Visa-Zusammenarbeit geprüft und bestätigt.[216]

---

[216] Vgl. Eidgenössisches Departement für auswärtige Angelegenheiten [Hrsg.] 2008b, o. S.

4. Analyse der europapolitischen Ausgangslage bei Bund und Kantonen

Im Bewusstsein der anspruchsvollen Ausgangslage hat der Bundesrat in seiner Legislaturplanung 2003-2007 einen Bericht über die Folgen eines allfälligen Beitritts der Schweiz zur Europäischen Union angekündigt. Im Anschluss an die Genehmigung von europapolitischen Vorlagen durch das Volk – Assoziierungsabkommen von Schengen/Dublin im Juni 2005 und Ausdehnung der Personenfreizügigkeit auf die EU-Mitgliedstaaten im September 2005 – hat der Bundesrat in seiner Klausursitzung eine europapolitische Standortbestimmung vorgenommen und über die nächsten Schritte entschieden. Dabei hat er seinen Auftrag an die Bundesverwaltung bestätigt, einen Bericht nicht nur über die Auswirkungen eines Beitritts, sondern eine Gesamtschau aller möglichen Vorgehensweisen der schweizerischen Interessenpolitik in Bezug auf die Europäische Union zu verfassen. Daraus entstand das Mandat zur Erstellung des vorliegenden Europaberichtes 2006[217], welcher hier ausführlich abgehandelt wird, weil er der Exekutive als Standortbestimmung dient.

Das Ziel des Europaberichtes besteht darin, die schweizerische Außenpolitik in Bezug auf Europa wieder in einen interessenpolitischen Kontext zu stellen und die zur Verfügung stehenden Instrumente darzulegen. Der vorgelegte Bericht analysiert die Auswirkungen der Hauptinstrumente auf verschiedene, für das schweizerische politische Modell charakteristische Schlüsselbereiche. Dabei wird der Schwerpunkt auf das politische

Instrumentarium gelegt, wodurch der fortschrittliche Charakter der Beziehung Schweiz zur EU unterstrichen werden soll. Das Dokument dient damit als Grundlage für künftige Diskussionen über das Verständnis zur Europäischen Union und widerspiegelt die Möglichkeiten optimaler Interessenvertretungen. Gleichzeitig wird auf verschiedene parlamentarische Vorstöße geantwortet. Als Hauptziel der schweizerischen Außenpolitik wird vom Bund die Interessenwahrung der Eidgenossenschaft angegeben.

Die Interessen können materieller Art, wie die Wahrung der Unabhängigkeit und Sicherheit, Förderung von Wohlstand und Wirtschaftsinteressen oder aber auch ideeller Art sein, wobei hier die Stärkung des Völkerrechts, der Menschenrechte, der friedlichen Koexistenz der Völker gemeint ist. Außerdem ist die Außenpolitik Ausdruck einer Verantwortung, die das Land als Mitglied der internationalen Gemeinschaft übernehmen muss.

Die Europapolitik ist damit ein wesentlicher Bestandteil der schweizerischen Außenpolitik. Unter dem materiellen Gesichtspunkt besteht sie darin, die wirtschaftlichen, politischen und sozialen Rahmenbedingungen zwischen der Schweiz und der EU laufend zu verbessern, ohne jedoch künftige Entscheidungen zu präjudizieren.

[217] Vgl. Bundesrat 2006, S. 6815ff

Dies geschieht notwendigerweise durch die Verstärkung der Beziehungen und bisher anhin über die bilateralen Abkommen.

Dieser Weg ermöglicht der Schweiz punktuell auftauchende Probleme auszumerzen und zusätzlich ein gemeinsames Netzwerk von Verträgen zu schaffen. In der Vergangenheit ist die Diskussion über das Verhältnis der Schweiz zu internationalen Gremien oft über die Fragestellung der institutionellen Zugehörigkeit – Mitgliedschaft anstreben oder nicht – erfolgt, statt über den Ansatz der Interessenwahrung. Zu den Hauptinstrumenten gehört demnach die Anpassung des schweizerischen Rechts an das Gemeinschaftsrecht, damit die Eurokompatibilität von einheimischen Gütern und Dienstleistungen garantiert werden kann, was für die Wettbewerbsfähigkeit der Schweizer Unternehmen von größter Bedeutung ist. Laut dem Europabericht rechtfertigt sich die Anpassung aber nicht in allen Fällen. In der Steuerpolitik kann die Schweiz zum Beispiel ein Interesse daran haben, einen anderen Kurs als die Europäische Union zu fahren.[218] Die bilaterale Zusammenarbeit beinhaltet aber auch die Verwaltung und Aktualisierung der bestehenden Abkommen mit der Absicht, das Vertragswerk entsprechend den Erfahrungen und Bedürfnissen kontinuierlich anzupassen.

Dies kann auch zu Neuverhandlungen bei einzelnen Abkommen führen, um die Teilnahme an Folgeprogrammen der EU zu gewährleisten. Verhandlungen in neuen Bereichen können dabei jederzeit eröffnet werden, sofern natürlich auch ein gegenseitiges Interesse besteht. Eine Zollunion stellt ebenfalls ein mögliches Instrument der Zukunft dar, denn diese hätte die vollständige Aufhebung der Zölle und Warenkontrollen an den Grenzen zur Folge sowie damit verbundene Einsparungen von Kosten. Die Schweiz würde jedoch dadurch ihre Autonomie in der

Wirtschaftsaußenpolitik verlieren und müsste den im Durchschnitt höheren EU-Zolltarif gegenüber den Drittstaaten anwenden.

Auch die Verbesserung des institutionellen Rahmens ist erstrebenswert. Der Mehrwert eines Rahmenabkommens besteht darin, dass die Verwaltung und Koordination der zahlreichen Abkommen dadurch stark vereinfacht wird. Es ist gemäß dem Bericht denkbar, dass eine multilaterale Kooperation in Form eines Beitritts zum Europäischen Wirtschaftsraum (EWR) in Betracht kommt. Ein EWR-Abkommen bedeutet auch nicht gleich eine Zoll- oder Währungsunion, oder Übernahme einer gemeinsamen Handels- und Agrarpolitik.

Das vom Europäischen Parlament vorgelegte Projekt EWR-II[219] bietet die Möglichkeit, neue Staaten zu unterschiedlichen Graden einzubinden.

[218] Vgl. Bundesrat [Hrsg.] 2006/09, S. 6827: Europabericht resp. Außenpolitischer Bericht: Schwerpunkte der Schweizer Außenpolitik.
[219] Vgl. Bundesrat 2006, S. 6830

Dieses Vorgehen ist auch unter dem Begriff variable Geometrie bekannt und richtet sich an Länder, die der EU nicht beitreten können oder keinen EU-Beitritt wünschen. Der Beitritt zur Europäischen Union wird aber immer noch als mögliche Option aufgeführt, denn schließlich ergeben sich dadurch auch die vollen Rechte in den Institutionen sowie eine Teilnahme am gesamten Entscheidungsprozess.

Weiter nimmt der Europabericht Stellung zu den Auswirkungen der bilateralen Zusammenarbeit und kommt zum Schluss, dass der bilaterale

Weg zu keinen Anpassungen bezüglich direktdemokratischer Instrumente geführt hat. Die bilateralen Abkommen und ihre zukünftigen, allfälligen Anpassungen sind völkerrechtliche Verträge, die dem fakultativen Staatsvertragsreferendum unterstellt werden, wenn sie wichtige rechtliche Bestimmungen beinhalten, welche den Erlass beziehungsweise die Änderung eines Bundesgesetzes erfordern.

Bewirkt die Umsetzung eines Abkommens eine Anpassung auf Gesetzesstufe, untersteht diese dem fakultativen Referendum. Das Gleiche gilt, wenn ein bilaterales Abkommen erweiterte Kompetenzen an den Schweizer Bundesrat delegiert, wie beispielsweise für technische Anpassungen eines Abkommens. Auch die föderalistischen Strukturen bleiben gewahrt. Die Kantone werden bei den Verhandlungen gebührend einbezogen. Sie werden über die Konferenz der Kantonsregierungen (KdK) konsultiert.

Oft sind die Kantone sogar direkt in den Schweizer Delegationen vertreten. Soweit es ihre Zuständigkeitsbereiche betrifft, sind sie für die Umsetzung der Abkommen selbst verantwortlich.

Damit ist belegt, dass die bilaterale Zusammenarbeit derzeit keine Anpassung der schweizerischen Institutionen erfordert. Die Auswirkungen des Personenfreizügigkeitsabkommens (FZA) bauen laut dem Bericht auf den Erwartungen und den Bedürfnissen der Wirtschaft auf. Während die Kontingente für eine Daueraufenthaltsbewilligung (bis fünf Jahre) seit Inkraftsetzung ausgeschöpft werden, sind die Kurzaufenthaltsbewilligungen (bis zwölf Monate) in den ersten zweieinhalb Jahren nur zu 60 Prozent, im

Jahr 2005 danach zu 68 Prozent beansprucht worden. Das Freizügigkeitsabkommen zeigt keinen nennenswerten Einfluss auf die Entwicklung der Arbeitslosenquote, welche sich ausschließlich entsprechend dem Konjunkturverlauf verändert hat. Die bisher durchgeführten Kontrollen zeigen, dass die Lohn- und Arbeitsbedingungen eingehalten werden, und es lassen sich weder Lohndumping noch branchenspezifische lohndämpfende Effekte ausmachen. Gemäß einschlägigen Studien hat die Zuwanderung aus den neuen Mitgliedstaaten keine maßgebende Wirkung auf das Schweizer Lohnniveau verzeichnet. Der Personenverkehr wird erst nach Ablauf der Übergangsfristen vollständig liberalisiert werden, wobei zu diesem Zeitpunkt die Zahl der erwerbstätigen Bevölkerung der Schweiz auf der demografischen Entwicklungslinie abnehmen und die Einwanderung das Land mit zusätzlichen Arbeitskräften versorgen wird.

Im Jahr 2009 hat das Schweizer Stimmvolk die Möglichkeit, in einer Abstimmung über die Weiterführung des Freizügigkeitsabkommens zu entscheiden. Weiter kann gegen jeden Beschluss des schweizerischen Parlaments, das Abkommen auf neue EU-Mitgliedstaaten auszudehnen, das Referendum ergriffen werden.
Durch die bilateralen Abkommen kann eine Diskriminierung von schweizerischen Unternehmen auf dem europäischen Binnenmarkt vermieden werden. Das Freihandelsabkommen von 1972 schafft die Zölle für sämtliche Industriegüter vollständig ab. Der Abbau von technischen

Handelshemmnissen ist Gegenstand eines spezifischen Abkommens der Bilateralen I. Es liegt im Interesse der Exportindustrie, dass eine Harmonisierung der Normen im gegenseitigen Einverständnis zustande kommt. Zur Verstärkung des Wettbewerbs, was zur Senkung der Preise führen wird, könnte auch eine einseitige Anwendung des „Cassis-de-Dijon-Prinzips"[220] in Betracht gezogen werden. Der Ursprung des Cassis-de-Dijon-Prinzips geht dabei auf einen Entscheid des Europäischen Gerichtshofes aus dem Jahr 1979 über die Vermarktung des gleichnamigen französischen Likörs in Deutschland hervor. Auslöser des Urteils ist ein Johannisbeerlikör aus Dijon, den die Handelsgruppe Rewe importiert hat. Die deutschen Behörden verbieten daraufhin den Import, weil der Alkoholgehalt nicht den deutschen Vorschriften entspricht. Rewe beklagt dieses Verbot am Europäischen Gerichtshof und erhält recht.

Der Gerichtshof hält fest, dass nur unter ganz bestimmten Bedingungen der freie Warenverkehr behindert werden darf, beispielsweise zum Schutz der öffentlichen Gesundheit. Seither besagt das Cassis-de-Dijon-Prinzip generell, dass aus einem anderen Mitgliedstaat stammende Produkte, die dort vorschriftsgemäß hergestellt werden, überall in der EU in Verkehr gesetzt werden dürfen. Einschränkungen sind nur aus übergeordneten öffentlichen Interessen zulässig. Für die Schweiz stehen damit drei Varianten zur Auswahl. Als erste Variante kann sich die Schweiz mit der EU gegenseitig über die Anwendung des Cassis-de-Dijon-Prinzips einigen. Damit könnten schweizerische Produkte auf dem EU-Markt von denselben Handelserleichterungen profitieren wie entsprechende Güter aus der

Europäischen Union in der Schweiz. Die zweite Möglichkeit ist die autonome Anwendung des Cassis-de-Dijon-Prinzips durch die Schweiz, und zwar auch für bereits harmonisierte Güter. Produkte, die nach den geltenden Vorschriften der EU hergestellt und dort rechtmäßig in Verkehr gebracht werden, können auch in der Schweiz ohne zusätzliche Auflagen verkauft werden. Bei dieser Variante würde die Schweiz aber – bei den harmonisierten Gütern – auf das im Rahmen der bilateralen Verträge bereits Erreichte verzichten. Die dritte Variante bildet die einseitige Öffnung der Schweiz.

[220] Vgl. Freiburghaus 2009, S. 405: Das Cassis-de-Dijon-Prinzip wird in der Schweiz als Referenzentscheid der EU thematisiert.

Diese Variante hat allerdings nur für Produkte Gültigkeit, bei denen die EU keine oder nicht vollständig harmonisierte Vorschriften erlassen hat und für Güter, bei welchen die Schweiz ihre Vorschriften nicht oder noch nicht vollständig an die harmonisierten EU-Bestimmungen angepasst hat. Diese Variante ist politisch mit der EU am ehesten durchsetzbar. Die Wirkung auf die Preise ist allerdings geringer als bei den radikaleren ersten Varianten. Weiter wird eine fortschreitende Liberalisierung des Handels mit landwirtschaftlichen Produkten oder Verarbeitungserzeugnissen im Landwirtschaftsabkommen beziehungsweise im neuen Protokoll Nr. 2 des Freihandelsabkommens geregelt. Dabei ermöglicht eine eingeführte Klausel des Agrarabkommens weitere Schritte zur gegenseitigen Marktöffnung.

Die Vor- und Nachteile eines Freihandelsabkommens werden dabei sorgfältig geprüft. Im Dienstleistungsbereich besteht kein bilaterales

Abkommen zwischen der Schweiz und der EU, womit der allgemeine Zugang zum europäischen Markt garantiert werden könnte. Die Schweiz ist damit nicht verpflichtet, das EU-Recht in diesem Bereich zu übernehmen. Es gilt zu erwähnen, dass sich sowohl die EU-Wettbewerbsregeln als auch der Liberalisierungsrückstand in bestimmten Sektoren als Hindernisse für ein Dienstleistungsabkommen erweisen. Obschon auch eine Reihe verschiedener Faktoren für die vergleichsweise hohen Preise im Inland verantwortlich sind, erscheint doch der fehlende Wettbewerb als einer der wichtigsten Gründe. Die bilaterale Zusammenarbeit erlaubt es der Schweiz, ihre eigene Handelspolitik aufrechtzuerhalten. Im Falle einer Zollunion würde die Schweiz diese Autonomie gänzlich verlieren. Eine Zollunion hat dagegen wirtschaftliche Vorteile dank substantieller Einsparungen aufgrund vollständiger Abschaffung der Warenkontrollen an den Schweizer Grenzen.

Die Steuerpolitik der Schweiz ist grundsätzlich von den Abkommen nicht betroffen. Die Geldpolitik der Schweiz bleibt weiterhin autonom, und die Kosten für das Bundesbudget setzen sich aus den finanziellen Beiträgen für die Teilnahme an den gemeinschaftlichen Programmen (Forschung, Bildung, MEDIA), an den Kooperationen (Schengen/Dublin), sowie an den EU-Agenturen für Umwelt und Statistik zusammen. Im Zeitraum von 2007-2013 könnten sich diese Verpflichtungen auf über 440 Millionen Franken pro Jahr belaufen.[221]

Daraus wird jedoch ein großer Teil der Ausgaben für die Teilnahme an den EU-Programmen zugunsten der Schweizer Teilnehmer zurückfließen. Zusätzlich soll ein solidarischer Beitrag zur Verringerung der sozialen und wirtschaftlichen Unterschiede in der erweiterten EU geleistet werden. Dieser Erweiterungsbeitrag beläuft sich auf insgesamt eine Milliarde Schweizer Franken, welcher auf eine Verpflichtungsperiode von fünf Jahren angesetzt ist.

[221] Bundesrat 2006, S. 6893ff: Auszug aus dem Europabericht 2006; dazu auch Freiburghaus 2009, S. 342ff.

Sollte die Umsetzung der damit finanzierten Projekte länger dauern, wird sich die Zahlung auf rund zehn Jahre erstrecken. Gerade im Zusammenhang mit dem Beitritt Bulgariens und Rumäniens ist es wahrscheinlich, dass die EU die Schweiz um die Fortsetzung der Zahlung in Form eines neuen Erweiterungsbeitrags ersuchen wird. Die im Landverkehrsabkommen verankerten Maßnahmen zur Verlagerung des Verkehrs von der Straße auf die Schiene haben sich laut dem Europabericht bestens bewährt. Allerdings besteht keine direkte Einflussnahme auf die verkehrspolitischen Entscheidungen der EU, doch aufgrund der geografischen Lage ist und bleibt die Schweiz aber im Verkehrsbereich eine wichtige Partnerin. Die Schweiz hat durch das bestehende Luftverkehrsabkommen den größten Teil des europäischen Gemeinschaftsrechts übernommen. Dazu wird angefügt, dass dieses Abkommen schon zu einigen Konflikten geführt hat:

„Bekanntlich wollte Deutschland vor einigen Jahren die Anflüge nach Kloten über sein Territorium aus Lärmschutzgründen drastisch reduzieren. Ein entsprechendes bilaterales Abkommen wurde 2003 vom schweizerischen Parlament abgelehnt, worauf Berlin einseitige Maßnahmen ergriff. Die

Schweiz hat seither verschiedene Demarchen unternommen, um Deutschland zu einer flexibleren Haltung zu bewegen, doch bisher ohne Erfolg. Einige Schweizer Akteure waren nun der Ansicht, dieses einseitige Regime verletze das Abkommen über den Luftverkehr und wurden bei der Kommission vorstellig. Da jenes Abkommen zwar die Nichtdiskriminierung der Fluggesellschaften, nicht aber der Flughäfen vorsieht, erachtete die Kommission die deutschen Maßnahmen als nicht vertragswidrig. Die Schweiz gelangte daraufhin mit dieser Sache an den EuGH, wozu ihr das Abkommen das Recht gibt. Luxemburg hat bisher noch nicht entschieden".[222]

Der Bereich Telekommunikation ist nicht Bestandteil eines Abkommens. Es bestehen jedoch aufgrund von technischen Handelshemmnissen, beispielsweise bei der Frequenzpolitik weitere Potenziale für eine gegenseitige Annäherung. Im Fokus steht hier auch das europäische Satellitennavigationssystem Galileo. Im Bereich Post ist in der Schweiz der Marktöffnungsprozess analog der EU angestoßen worden, wobei die Öffnung in der EU bereits weiter fortgeschritten ist. Der Energiesektor steht zur Diskussion, und ein entsprechendes Verhandlungsmandat ist verabschiedet worden. Da die Schweiz auch als Drehscheibe im europäischen Strommarkt agiert, ist es im Interesse der Eidgenossenschaft ihre Marktstellung zu verstärken. Als Ziel wird die Verbesserung des grenzüberschreitenden Marktzuganges, die Steuerung vom Stromtransit und die Anerkennung der Herkunftsnachweise für Strom aus erneuerbaren Energiequellen angegeben.

[222] Freiburghaus 2009, S. 336f

Das Thema hat Priorität, da die Europäische Union darauf drängt, dass ihre Regeln auch für Drittstaaten angewendet werden, um eine stabile und gut funktionierende Stromversorgung nachhaltig sicherzustellen. Im Umweltsektor herrscht bereits eine intensive Zusammenarbeit. Es ist jedoch denkbar, dass die Schweiz sich noch stärker an der Entwicklung von Umweltschutzmaßnahmen beteiligt, ohne sich dabei auch gleichzeitig zu einer Harmonisierung ihrer eigenen Normen zu verpflichten. Weitere Abkommen in den Bereichen Ökolabel und chemischer Stoffe oder auch bei den Emissionsrechten sind denkbar. Ein zentraler Punkt ist die Zusammenarbeit im Bereich Sicherheit und Justiz.

Die Schweiz hat hier ihre Kooperation während den letzten fünf Jahren verstärkt. Wichtig ist aber zu wissen, dass die Zusammenarbeit im Rahmen der Europäischen Sicherheits- und Verteidigungspolitik (ESVP) nur punktuell und außerhalb des institutionellen Rahmens stattfindet. Der Bericht empfiehlt hier den Abschluss eines Abkommens, um die Modalität der Schweizer Einsätze zu vereinfachen und dauerhaft zu regeln. Die Schweiz kann trotzdem weiterhin autonom und souverän bleiben und hat die freie Wahl, an Einsätzen zur Friedensförderung teilzunehmen oder auch nicht.

Die geschilderte Gemeinschaftsarbeit ist mit der schweizerischen Neutralität vereinbar und führt zu keinerlei Verpflichtungen zur militärischen Unterstützung der EU-Mitgliedstaaten.

Allgemeine Voraussetzung für die Teilnahme an Einsätzen zur Friedensförderung ist jedoch, dass ein Mandat der UNO oder OSZE vorliegt. Auch in den Bereichen der Migration und inneren Sicherheit nimmt die Schweiz bereits an Instrumenten der Europäischen Union teil.

Bei der Teilnahme ist heute allerdings noch sehr viel Handlungsspielraum. Im Fall von Schengen ist die Schweiz an der Entstehung der Regeln einem EU-Mitgliedstaat vergleichbar beteiligt. Im Bereich der Justiz ist gemäß Europabericht eine Weiterentwicklung bei der Rechtshilfe im Zivil- und Konkurswesen wünschenswert.

Ein einheitliches Konkursverfahren steigert hier auch das gegenseitige Vertrauen und hat positive Effekte im Außenhandelsbereich, welche sowohl für die Schweiz und die EU gemessen am Export- und Importanteil große Bedeutung haben."[223]

[223] Vgl. Bundesrat [Hrsg.] 2006, S. 6902ff.

4.1 Ein EWR-Beitritt als Option aus Regierungssicht

Seit dem historischen Referendum vom 6. Dezember 1992, bei welchem das Stimmvolk die Beteiligung der Schweiz am EWR abgelehnt hat, ist diese Option mit einem bitteren Nachgeschmack belegt. Historisch bedeutend ist die Abstimmung, weil dies der entscheidende Schritt zur Ablehnung des EU-Beitritts darstellt, obwohl es dabei nicht direkt um einen Beitritt ging.[224]

Mit dem Europabericht überprüfte der Bundesrat dennoch die Auswirkungen der Instrumente einer multilateralen Zusammenarbeit. Zu den politischen und institutionellen Aspekten hält der Bericht fest, dass bei einem allfälligen EWR-Beitritt die direkt angewendeten Erlasse (Verordnungen) des europäischen Gemeinschaftsrechts grundsätzlich nicht mehr referendumsfähig sind, was damit zu einer Einschränkung der Volksrechte führt. Es gilt hier zu bedenken, dass ein EWR-Beitritt lediglich zu einem Mitspracherecht gegenüber dem Mitentscheidungsrecht wie im Falle des EU-Beitritts führt.

Obschon ein EWR-Abkommen vor allem Auswirkungen auf der Bundesebene hat, so sind auch namhafte kantonale Kompetenzen betroffen. Die Kantone haben sich bei einem Beitritt nach dem EWR-Recht zu richten. Im Fall der Weiterentwicklung von Gesetzen werden die Kantone analog der heutigen Situation beim Schengen/Dublin Abkommen einbezogen. Laut dem Europabericht erfordert ein EWR-Beitritt keine grundlegende Anpassung der schweizerischen Behörden. Werden die Regeln zur Personenfreizügigkeit analysiert, so kann festgehalten werden, dass sie praktisch identisch mit jenen des EWR-Abkommens sind. Ein Beitritt zum Europäischen Wirtschaftsraum hat somit ähnliche Auswirkungen auf die Schweiz, wie sie schon durch die bilateralen Abkommen erzeugt werden. Beschränkungen im Bereich Dienstleistungserbringer müssten aufgehoben werden, was temporär zu einem verstärkten Angebot in diesem Sektor führen würde. Die flankierenden Maßnahmen gegen Lohn- und Sozialdumping bleiben allerdings auch in diesem Fall in Kraft. Rechtlich hat jedoch ein generelles Abkommen des Typs EWR die regelmäßige Übernahme aller Entwicklungen des europäischen Gemeinschaftsrechts sowie die Rechtsprechung des Europäischen Gerichtshofs im Binnenmarkt zur Folge.

Die Schweizer Gesetzgebung ist im Arbeitsmarktbereich nicht EU-kompatibel und müsste beim Arbeitsschutz und den Arbeitnehmerrechten angepasst werden. Übernimmt die Schweiz die EU-Gesetzgebung in der Sozialpolitik, so muss der Elternurlaub eingeführt werden.

[224] Vgl. Schwok, 2009, S. 18

Die Richtlinien und Kontrollen der Systeme zur sozialen Sicherheit können auch bei einem EWR-Beitritt nach den gleichen Regeln bestehen, wie sie im Personenfreizügigkeitsabkommen bereits definiert sind. Die Übernahme eines neuen Gemeinschaftsrechts ist aber im Beitrittsfall viel dynamischer.

Bei den Forschungs- und Bildungsprogrammen kann die Schweiz alles beim gleichen Status beibehalten. Die Teilnahme an den neuen Programmgenerationen müsste aber nicht jedes Mal ausgehandelt werden.

Der EWR ermöglicht zusätzlich die Teilnahme an den verschiedenen Agenturen, Frühwarnsystemen sowie am Aktionsprogramm der Union im Gesundheitsbereich. Dass gerade dieser Sektor von großer Bedeutung ist, hat sich bei der gemeinsamen Vorgehensweise gegen die Vogel- und Schweinegrippe in den vergangen Jahren gezeigt.

Im Bereich Konsumentenschutz führt der Bereich dazu, dass die Vorschriften weitgehend übernommen werden. In den nicht harmonisierten Bereichen kann das Cassis-de-Dijon-Prinzip angewendet werden. Nach diesem Prinzip können Waren, welche in der EU zugelassen sind, auch in der Schweiz frei vermarktet werden. Dieses Vorgehen wird seit längerer Zeit als Mittel im Kampf gegen das hohe Preisniveau in der Schweiz diskutiert, scheitert aber bisher an der Forderung nach zahlreichen Ausnahmen.

Die jedoch größten wirtschaftlichen Vorteile des EWR-Beitritts liegen laut dem Bericht im freien Dienstleistungsverkehr. Besonders das grenzüberschreitende Dienstleistungsangebot, gefördert durch den freien Zugang zum Gemeinschaftsmarkt wird hier betont. Der Finanzplatz Schweiz könnte besonders von neuen Geschäften in den Bereichen Investment- und Pensionsfonds profitieren. Von schweizerischen Kontrollbehörden erteilte Bewilligungen an Banken und Versicherungen eröffnen den vollen Zugang zum gesamten Binnenmarkt. Ein Beitritt erfordert auch keine Anpassung der Gesetzgebung bezüglich des Informationsaustauschs im Steuerbereich. Die Bestimmungen gegen die Geldwäsche müssten übernommen werden, was zu einer Ausdehnung der rechts- und amtshilfefähigen Delikte führt.

Der EWR beinhaltet die Gesamtheit des Gemeinschaftsrechts im Bereich der Dienstleistungen und verpflichtet zur dynamischen Übernahme der Weiterentwicklungen.

Dies führt automatisch zur Integration in den Gemeinschaftsmarkt und folglich auch zu einer Beschleunigung der internen Reformen. Es gilt jedoch zu bedenken, dass es dann auch äußerst schwierig wäre, Ausnahmen in gewissen sensiblen Bereichen aufrecht zu erhalten. Die Industrieprodukte sind mit den bilateralen Abkommen heute schon mit einem allfälligen EWR-Beitritt deckungsgleich. Die Schweizer Landwirtschaft fällt nicht in den

Anwendungsbereich eines pauschalen Abkommens, ebenso wenig wie die Außenpolitik der EU und die Zollunion.

Die Waren werden bei der Variante EWR weiterhin kontrolliert und die Mehrwertsteuer an der Grenze erhoben. Die Auswirkungen auf das Preisniveau der Schweiz sind dabei schwer abzuschätzen. Die Beseitigung nichttariflicher Handelshemmnisse durch Harmonisierung der Normen und Anwendung gegenseitiger Marktzulassung stärkt jedoch den Wettbewerb und drückt auf die Produktpreise, was letztlich den europäischen Konsumenten zu Gute kommt. Parallelimporte patentgeschützter Produkte sind bei der EWR-Variante zulässig. Bei den Investitionsgütern und in bestimmten Bereichen der Chemie, die aber bereits heute dem Wettbewerbsdruck ausgesetzt sind, werden keine bedeutsamen Auswirkungen erwartet.

Stärker betroffen sind die heute geschützten Bereiche wie etwa bei den Konsumgütern oder Dienstleistungen. Da die Steuerpolitik nicht Teil des EWR ist, können die indirekten Steuern wie die Mehrwertsteuer und verschiedenem Konsumsteuern auf Mineralöl, Tabak und Bier weiterhin autonom erhoben werden. Bei der Unternehmensbesteuerung ist die Schweiz allerdings an die Gemeinschaftsregeln und an die Entscheide des Europäischen Gerichtshofes in Bezug auf die staatliche Beihilfe gebunden.

Die Schweizerische Nationalbank kann weiterhin eine unabhängige Geldpolitik betreiben, und der Schweizer Franken bleibt bestehen. Die Kosten der Beteiligung an den EFTA-Institutionen, der Beteiligung an den

Mechanismen zur Reduktion der wirtschaftlichen und sozialen Ungleichheiten in der erweiterten EU sowie die Beteiligung an den Gemeinschaftsprogrammen (Forschung, Bildung und Innovation) hat bei der Option EWR Staatsausgaben von über 680 Millionen Franken pro Jahr zur Folge. Bei dieser Aufstellung sind die zusätzlichen Aufwendungen für Bulgarien und Rumänien nicht berücksichtigt.

Ein großer Anteil der EWR-Ausgaben werden aber durch die Teilnahme der Schweiz an EU-Programmen indirekt über die Schweizer Teilnehmer zurückfließen. Im Bereich Verkehr ist die Schweiz im Falle eines EWR-Beitritts stark betroffen und kann von der gemeinschaftlichen Finanzierung für Infrastrukturprojekte wie zum Beispiel dem Transeuropäischen Verkehrsnetz (TEN) profitieren. Dies hat aber zur Folge, dass die auf europäischer Ebene getroffenen verkehrspolitischen Entscheide auch in der Schweiz anzuwenden sind.

Gewisse bestehende bilateral ausgehandelte Lösungen könnten dadurch in Frage gestellt werden. Der Luftverkehr ist jedoch kaum betroffen und bleibt im Rahmen der heutigen bilateralen Luftverkehrsabkommen bestehen. Anders dagegen verhält es sich bei der Telekommunikation, denn dieser Bereich wird vom EWR integral abgedeckt und verpflichtet die Schweiz zur dynamischen Übernahme des Gemeinschaftsrechts.

Aus institutioneller Sicht kann die Schweiz an den Ausschüssen der EU mit dem Beobachterstatus teilnehmen, hat aber kein Mitentscheidungsrecht. Die gleiche Situation besteht auch in den Bereichen Energie und Post. Der

Rhythmus der in der Schweiz bereits lancierten Reformen könnte jedoch beschleunigt werden. Die Außensicherheitspolitik ist nicht Bestanteil des EWR, und demnach bleibt bei dieser Variante die Zusammenarbeit in der Ausprägung der heutigen Situation mit den bilateralen Abkommen. Die Neutralitätsfrage ist hier in keinem Punkt angesprochen.[225]

4.2 Einschätzung der Auswirkungen eines EU-Beitritts aus Regierungssicht

Es liegt rechtlich in der eigenen Kompetenz der Mitgliedstaaten, ihre Organisationsform und die Institutionen festzulegen. Insofern fordert ein EU-Beitritt keine rechtlichen Anpassungen an die Instrumente der direkten Demokratie und des ausgeprägten Föderalismus der Schweiz. Dennoch werden gewisse Hoheitsrechte von den nationalen Gremien zu den EU-Instanzen wie zum Beispiel der Ministerrat, Kommission, Parlament und europäischer Gerichtshof zur EU verlagert.

Im Gegenzug erhält die Schweiz dafür das volle Mitbestimmungsrecht auf europäischer Ebene. Die Ausgestaltung der Regierung könnte dabei im Rahmen des Handlungsspielraumes des geltenden Rechts angepasst werden. Nach einigen Jahren der Mitgliedschaft müsste geprüft werden, inwieweit zusätzliche Reformen erforderlich sind. Die Einschränkung gewisser Kompetenzen der Bundesversammlung müsste dabei durch die aktive Teilnahme an den europäischen Mitwirkungsmöglichkeiten kompensiert werden. Es ist vorstellbar, dass sich durch die Schaffung einer Europakommission diese Kompensation realisieren lässt.

Die Schweiz kann zusätzlich im Beitrittsfall auch Schweizer Kandidaten für den Richterposten stellen, und die Schweizer Abgeordneten im Europaparlament können wie auch bei den National- und Ständeratswahlen durch das Schweizer Stimmvolk gewählt werden. Formal bedarf der EU-Beitritt somit keiner Anpassung der schweizerischen Volksrechte. Die Instrumente der direkten Demokratie können beibehalten werden. Erfordert die Umsetzung eines EU-Rechtsaktes Änderungen oder Anpassungen auf Gesetzesstufe, wären Referenden bei neuen Richtlinien nach wie vor möglich, nicht jedoch bei unmittelbar anwendbarem EU-Recht, was bei der Einführung von neuen Verordnungen zur Anwendung kommt. Auch Volksinitiativen im EU-Zuständigkeitsbereich sind weiterhin möglich. Das Risiko von EU-rechtswidrigen Volksentscheiden gegenüber der Europäischen Union besteht demnach, wird aber im Europabericht als gering eingestuft.

[225] Vgl. Bundesrat [Hrsg.] 2006, S. 6920ff.

Es ist deshalb unverhältnismäßig, die Möglichkeit einer Ungültigkeitserklärung von gemeinschaftsrechtswidrigen Volksinitiativen durch die Bundesversammlung oder den Ausschluss des Referendums bei der Anpassung schweizerischer Gesetze an das EU-Recht einzuführen. Stehen Volksentscheide im Widerspruch zum EU-Recht, müssten mit der EU Lösungen gesucht werden, und im Extremfall müsste demnach ein Austritt erwogen werden.

Die ausgeprägten, föderalistischen Strukturen der Schweiz bedürfen keiner grundlegenden Änderung. Die Tatsache, dass bereits heute föderalistisch organisierte Staaten in der Union vertreten sind, bestätigt diesen Sachverhalt. Um im Beitrittsfall ein einheitliches Auftreten sicherstellen zu können, bedarf es einer straffen Koordination zwischen Bund und den Kantonen sowie zwischen den Kantonen selber. Dabei bedürfen die bewährten Schaltstellen eines weiteren Aufbaus, damit sie den zusätzlichen Ansprüchen gerecht werden können. Die bestehenden Rechtsgrundlagen der Bundesverfassung mit dem Artikel 55 (Mitwirkung der Kantone bei außenpolitischen Entscheiden) erscheinen als ausreichend, argumentiert der Europabericht.[226] Es gilt jedoch zu beachten, dass eine europäische Integration auch zu einer Zentralisierung von regionalen Entscheidungskompetenzen führt:

„Einerseits führt die Europäisierung zu einer Zentralisierung regionaler Entscheidungskompetenzen auf der nationalen und europäischen Ebene; andererseits bleiben die Implementationskosten europäischer Politikprogramme dezentralisiert und werden damit häufig auf die regionale Ebene übertragen. [...] In stark dezentralisierten Mitgliedstaaten, deren Regionen über umfangreiche und administrative Kompetenzen verfügen, führt die Europäisierung zu einer doppelten Kompetenzverschiebung zugunsten des Zentralstaates".[227]

[226] Vgl. Bundesrat 2006, S. 6940f

[227] Börzel 2002, S. 125: Siehe dazu auch Kirt 2004, S. 164: Das Europa der Zukunft –ein Europa der Regionen: „Wer sich ein Bild davon machen möchte, worauf der europäische Einigungsprozess hinauslaufen könnte, der sollte seinen Blick nicht nur nach Brüssel richten, sondern sich in die Regionen begeben –dorthin also, wo nicht Bürokraten, sondern Bürger jenen Mörtel anrühren, der dem noch recht lockeren Gefüge des gemeinsamen europäischen Hauses von Tag zu Tag mehr Stabilität verleiht". Die Regionen haben in der Schweiz besondere Bedeutung, da neben den Kantonen besonders die einzelnen Sprachregionen auch eine eigene kulturelle Ausrichtung haben und sich die Sprachregionen letztendlich unter Einsatz eines föderalen Systems mit weitgreifenden Kompetenzen zur „Willensnation Schweiz" bekennen.

Mit Blick auf den Arbeitsmarkt kann dazu festgehalten werden, dass die Grundlagen bereits heute durch die bilateralen Freizügigkeitsabkommen geregelt werden. Die Folgen eines EU-Beitritts sind darum auch sehr klein. Zusätzlich hat die Schweiz jedoch bei der Entwicklung der Arbeitsmarktnormen ein volles Mitspracherecht. Dabei muss die schweizerische Arbeitsgesetzgebung an das teilweise höhere Schutzniveau der EU angepasst werden, was beispielsweise die Verminderung der maximalen wöchentlichen Arbeitszeit, die Verbesserung des Kündigungsschutzes, sowie die Einführung des Elternurlaubs bewirken wird. Diese Anpassungen reduzieren die Arbeitsmarktflexibilität der Schweiz. Im Forschungsbereich erhält die Schweiz durch den Beitritt zur Union ebenfalls ein Mitbestimmungsrecht in der europäischen Forschungspolitik und in der Festlegung der Grundlinien, wie bei inhaltlichen Schwerpunkten, die Beteiligungsregel und dem Budget von den Forschungsrahmenprogrammen (FRP). Zudem entfällt das Risiko, dass die Schweiz zwischen den Forschungsrahmenprogrammen ein oder mehrere Jahre in den Status eines Drittstaates zurückfällt. Ähnlich verhält es sich bei den

Bildungsprogrammen und dem Gesundheitswesen. Gerade im Sektor Gesundheit ergeben sich Vorteile durch ein zentrales Zulassungsverfahren von Arzneimitteln, welches zukünftig bei der Europäischen Arzneimittelagentur vorgenommen werden könnte. Es gilt zu betonen, dass gerade der Bereich der Hochtechnologiepräparate davon profitieren kann.

Beim Verbraucherschutz hat ein Beitritt vorwiegend Auswirkungen im Bereich Lebensmittel, Chemikalien und Strahlenschutz. Die Schweiz ist damit auch am System zur Registrierung und Zulassung von Chemikalien angeschlossen. Aus Sicht des wirtschaftlichen Blickwinkels dürften kurz- und mittelfristig die negativen Effekte gegenüber den positiven Auswirkungen aus der vollständigen Marktintegration überwiegen, da letztere erst längerfristig zum Tragen kommen. Auf der einen Seite entsteht ein voller Zugang zu den Märkten, und auf der anderen Seite werden die sogenannten horizontalen Politiken (Wettbewerbsrecht, geistiges Eigentum, Konsumentenschutz) übernommen. Im Warenhandel mit Industrieprodukten könnten die technischen Handelshemmnisse vollständig abgebaut werden. Auch der grenzüberschreitende freie Dienstleistungsverkehr wäre damit für die Schweiz diskriminierungsfrei sichergestellt.

Anpassungsbedarf besteht allerdings beim Wettbewerbsrecht, sowie beim Liberalisierungsrückstand in den Infrastrukturdiensten.

Für die Landwirtschaft bedeutet ein Beitritt neben dem Agrarfreihandel zusätzlich die Übernahme der EU-Zollgesetzgebung, aber auch eine Übernahme der gemeinsamen Agrarpolitik.

Es ist anzunehmen, dass dadurch die Produktions- und Konsumentenpreise sinken werden. Für die Schweizer Produzenten bedeutet die Öffnung eine Zunahme von Exportchancen. Außenwirtschaftspolitisch kann die Schweiz vom relativ hohen Verhandlungsgewicht der Europäischen Union profitieren und auch bei der Positionierung der EU mitbestimmen. Dies bedeutet aber auch eine Bindung an die Handelspolitik der Union und führt zum Verlust der Handelsvertragsautonomie der Schweiz. Im Rahmen der Zollunion hat die Schweiz den höheren EU-Außenzolltarif für Produkte von Drittstaaten zu übernehmen. Auf der anderen Seite ergeben sich Einsparungen durch die Aufhebung der Warenkontrollen an der Landesgrenze. Die Preisentwicklung ist bei einer Zollunion von verschiedenen Einflüssen abhängig. Doch es kann davon ausgegangen werden, dass der zunehmende Wettbewerbsdruck zu Preissenkungen in der Schweiz führen wird, was aber aus Sicht der Schweizer Konsumenten durch die Erhöhung der Mehrwertsteuer dagegen kaum zum Tragen kommt und sich wieder aufhebt. Der Normalsatz der Mehrwertsteuer wird dabei auf 15 Prozent und der Sondersatz auf 5 Prozent angehoben.

Ein Teil der daraus erfolgenden Mehreinnahmen könnten zur Finanzierung des EU Nettobeitrages verwendet werden. Um eine Erhöhung der schweizerischen Steuerquote zur vermeiden und damit auch die Standortattraktivität der Schweiz zu wahren, müssen im Beitrittsfall andere

Staatsausgaben markant reduziert werden, um die zusätzlichen Beitragskosten der Schweiz zu kompensieren. Im Bereich der direkten Steuern liegt die Souveränität grundsätzlich bei den Mitgliedstaaten. Steuererleichterungen für Unternehmen gelten aber unter bestimmten Bedingungen als verbotene staatliche Beihilfe.

Diese wettbewerbsrechtlichen Bestimmungen sowie der Verhaltenskodex über die Unternehmensbesteuerung werden zu einer Überprüfung der Verträglichkeit gewisser schweizerischer Steuerbestimmungen gegenüber dem EU-Recht führen. Die Übernahme der Zinsbesteuerung[228] und der Geldwäschebestimmungen bedeuten eine Ausdehnung des Informationsaustausches untereinander. Im Bereich der Zinsbesteuerung könnte die Schweiz in den vorgängigen Beitrittsverhandlungen die Weiterführung der heutigen Ausnahmeregelung (Steuerrückbehalt) anstreben. De facto wird aber das steuerliche Bankgeheimnis in seiner aktuellen Definition nach Schweizer Recht von der EU in Frage gestellt. Die Schweizer Geldpolitik wird mit dem Beitritt in die Währungsunion von der Europäischen Zentralbank bestimmt. Die Anpassung an das höhere Zinsniveau der EU hat damit den Verlust des Schweizer Zinsbonus zur Folge.

[228] Roth 2009, S. 31: Dazu der Vorsitzender der Geschäftsleitung und Delegierter des Verwaltungsrates der Schweizerischen Bankiervereinigung: „Das Zinsbesteuerungsabkommen bietet sowohl der EU als auch der Schweiz grosse Vorteile. Die EU-Staaten erhalten von der Schweiz jährlich Steuereinnahmen von rund 500 Mio. Franken (2007). Im Gegenzug ermöglicht das Abkommen, dass das Bankkundengeheimnis in der Schweiz auch für EU-Bürger weiterhin vollumfänglich gilt".

Dies bedeutet, dass die nachteiligen Auswirkungen auf die Investitionstätigkeit zu beträchtlichen volkswirtschaftlichen Kosten führen können. Als EU-Mitgliedstaat hat die Schweiz gegenüber der Europäischen Union einen jährlichen **Nettobeitrag** von schätzungsweise **3,4 Milliarden Franken**[229] zu leisten.

Wird der Schweizer Infrastrukturbereich isoliert betrachtet, so könnte der Liberalisierungsrückstand wohl mit einem Beitritt und den daraus folgenden positiven Effekten aufgeholt werden. Dies betrifft in erster Linie den Energiesektor, welcher durch mehr Wettbewerb und der freien Wahl des Lieferanten und durch diskriminierungsfreien Netzzugang belebt wird. Im Gegensatz zu einem reinen EWR-Beitritt erhält die Schweiz bei der EU-Variante ein gleichberechtigtes Mitentscheidungsrecht in der europäischen Infrastrukturpolitik. Die materiellen Auswirkungen sind grundsätzlich gleich wie beim EWR und beinhalten die Übernahme des Rechtsbestandes, der Marktzutrittschancen und dadurch ausgeglichene Wettbewerbsbedingungen aller europäischen Akteure. Im Bereich des Landverkehrs können Konflikte in Bezug auf verfassungsmäßig festgelegte Zielsetzungen durch die Einschränkung des nationalen Handlungsspielraumes entstehen.

Auch ist nicht ausgeschlossen, dass die im Landesverkehrsabkommen erreichten Lösungen teilweise angepasst werden müssten. Beim Luftverkehr wird zusätzlich zur bereits bilateral geregelten Öffnung die Achte Freiheit[230] (nationale Kabotage) eingeführt.

Im Telekommunikationsbereich dürfte die Integration zu einer Dynamisierung des Schweizer Marktes führen. Die Folge daraus sind verstärkter Wettbewerb, sinkende Konsumentenpreise und mehr

Innovationen. Bei der Post können durch die beabsichtigte Revision des Postgesetzes sowie des Post-Organisationsgesetzes bereits heute weitere Anpassungen an den Öffnungsprozess zum EU-Postmarkt vorgenommen werden. Angesichts der Tatsache, dass ein EU-Beitritt nicht von heute auf morgen realisiert werden kann, sind keine markanten Auswirkungen auf den schweizerischen Reformprozess zu erwarten.

Im Bereich Energie ist die Schweiz bereits heute daran, ihre Gesetzgebung in Übereinstimmung auf den EU-Rechtsstand zu bringen. Die schweizerische Umweltpolitik und diejenige der EU richten sich grundsätzlich nach denselben Maßstäben. Die Schweiz könnte sich bei einem Beitritt für die Weiterentwicklung des Umweltschutzes jedoch noch besser einbringen. Der Beitritt führt darüber hinaus zu Anpassungen bei der Klimapolitik, was die Aushandlung zur Festlegung der Emissionsziele und Emissionsquoten bei der schweizerischen Industrie zur Folge hat. Ein besonders bedeutender Bereich ist der viel diskutierte Sicherheits- und Justizsektor. Hier hat laut Europabericht der EU-Beitritt keine Folgen oder Aufgaben, welche die immerwährende Neutralität bedrohen.

[229] Bundesrat [Hrsg.] 2006, S. 6952
[230] Europäisches Parlament 2008, o. S. [Hrsg.]: „Achte Freiheit: Das Recht auf Beförderung von Passagieren, Post oder Fracht zwischen zwei Flughäfen des gleichen Staates, der nicht der Staat der Regierung der Registrierung des Flugzeugs ist".

Die aktuelle EU stellt kein Verteidigungsbündnis dar und verpflichtet ihre Mitglieder auch nicht zur Teilnahme an militärischen Einsätzen. Weiter besteht innerhalb der Union die Möglichkeit, dass sich Staaten von einzelnen sicherheitspolitischen Themen der „Europäischen Sicherheits- und Verteidigungspolitik" ausklammern (siehe Dänemark).

Die Zusammenarbeit basiert nach wie vor auf dem Einstimmigkeitsprinzip, und was die konkreten Beiträge an den gemeinsamen zivilen und militärischen Aktivitäten betrifft, bestehen zudem keine Verpflichtungen. Entsprechend der Unverbindlichkeit können sich die allianzfreien EU-Mitgliedsstaaten wie Schweden, Finnland, Österreich und Irland an der ESVP freiwillig beteiligen. In Zukunft sieht die Europäische Union einen abgestuften Aufbau einer Verteidigungsgemeinschaft vor. Diese Verteidigungsallianz muss jedoch von den EU-Staaten einstimmig beschlossen werden. Eine allen EU-Staaten auferlegte Verpflichtung, einer solchen Allianz beizutreten, ist aus der Sicht der schweizerischen Neutralität nicht zu vertreten.

Ob und in welcher Form eine derartige Verpflichtung überhaupt zustande kommen wird, ist aber noch offen. Im Falle einer solchen Entwicklung muss sich die Schweiz jedoch überlegen, ob ein solch dauerhaftes und beständiges System einer großen Verteidigungsgemeinschaft die Sicherheit des Landes nicht ebenso garantieren kann wie das Modell der uneingeschränkten und immerwährenden Neutralität.[231]

Zudem wird durch die Erweiterung der EU-Gemeinschaftspolitik eine immer umfangreichere außenpolitische Komponente, die der EU sehr weitgehende Zuständigkeiten in vielen Bereichen einräumt, in vielen Mitgliedstaaten in Kraft gesetzt. Infolgedessen wird die Europäische Union immer mehr zu einer normativen Kraft, welche die Entwicklung der globalen Regeln beeinflussen kann.[232]

[231] Vgl. Bundesrat [Hrsg.] 2006, S. 6940ff

[232] Vgl. Bundesrat [Hrsg.] 2009, S. 30f; dazu auch von der Groeben [et al.] 1980, S. 314

4.3 Auswirkungen der Europapolitik des Bundes auf die Kantone

Die Auswirkungen der Europapolitik auf die Kantone lassen sich abgestützt auf die vorliegenden Expertenberichte klar umschreiben. So zeigen die Analysen, dass nicht nur der EU-Beitritt, sondern auch der bilaterale Weg zu Kompetenzverschiebungen hin zum Zentrum der Union führt. Praktisch alle abgeschlossenen Abkommen sehen – mehr oder weniger zwingend – eine Anpassung der Schweizer Rechtsordnung vor. Die Schweiz diskutiert zwar in Ausschüssen mit der Union und nimmt an gewissen Experten- und Arbeitsgruppen als Beobachter teil, es bestehen jedoch kaum direkte Mitwirkungsmöglichkeiten im Vorfeld und während des Gesetzgebungsverfahrens mit der EU. Die Expertenberichte kommen denn auch zum Schluss, dass die Übernahme des Gemeinschaftsrechts „Acquis communautaire" durch bilaterale Verträge im Vergleich zum EU-Beitritt Nachteile mit sich bringen wird:

„Acquis communautaire – zu Deutsch „gemeinschaftlicher Besitzstand"– bezeichnet das gesamte in Kraft stehende Recht der Gemeinschaften und der Union. Der Acquis umfasst das Primärrecht, also die Verträge, das Sekundärrecht, also die von den EG-Organen erlassen Rechtsakte, die

Entscheidungen des Europäischen Gerichtshofes (EuGH), aber auch Erklärungen, Entschließungen und bestimmte Abkommen. Dieser Begriff erhielt seine Wichtigkeit vor allem dadurch, dass man von neu beitretenden Staaten verlangte, „den ganzen Acquis" zu übernehmen. Dieser Rechtsbestand umfasst heute geschätzt 85'000 Seiten im Format des Europäischen Amtsblattes".[233]

Genannt werden dazu das Demokratiedefizit, mangelnde Einflussmöglichkeiten der Kantone sowie Rechtsunsicherheiten, sowohl für die Bürgerinnen und Bürger als auch für die Behörden. Es besteht jedoch große Einigkeit, dass sich bei einem EU-Beitritt der Automatismus bezüglich der Übernahme von zukünftigem EU-Recht verstärken würde, andererseits bestünden nach dem Beitritt jedoch direkte Mitwirkungsmöglichkeiten im Gesetzgebungsverfahren. Im Frühjahr 2004 halten die Kantone ausdrücklich fest, dass sie die Entwicklung einer eigenständigen europapolitischen Strategie als notwendig erachten. Die Kantonsstrategie soll sich insbesondere an den innen- und außenpolitischen Rahmenbedingungen orientieren. Dabei beinhaltet die am 23. März 2007 einstimmig gefasste europapolitische Position der Kantonsregierungen die nachfolgenden Aussagen:

[233] Freiburghaus 2009, S. 405

Der bilaterale Weg hat Grenzen: Die Kantone verfolgen vorerst eine Konsolidierung der bilateralen Beziehung, bevor neue Abkommen ausgehandelt werden. Bevor in Zukunft Verhandlungen geführt werden, sind in jedem Fall die Interessen der Schweiz genau zu prüfen und abzuwägen. Ebenso kritisch ist mit dem autonomen Nachvollzug umzugehen. Der Weg des autonomen Nachvollzuges kann nur dann gewählt werden, wenn er zu Erleichterungen der Präsenz von Schweizer Produkten auf dem europäischen Binnenmarkt führt.

Mittel- und längerfristig ist die Option EU-Beitritt offen zu halten: Die Kantonsregierungen sind der Ansicht, dass sowohl aus innen- als auch aus außenpolitischen Gründen kurzfristig ein EU-Beitritt unrealistisch ist. Die Option des Beitritts soll jedoch bestehen bleiben und dann ins Auge gefasst werden, wenn er sich auf Grund der Interessenlage der Schweiz aufdrängt.

Die Weiterentwicklung der Europapolitik erfordert interne Reformen: Es herrscht Einigkeit, dass Reformen in die Hand genommen werden müssen, die es erlauben, den Kerngehalt des Föderalismus und der direkten Demokratie, auch unter dem Einfluss der Europapolitik in der Schweiz zu wahren. Solche Reformen müssen unabhängig des europäischen Weges umgesetzt werden. Zu den Themenfeldern gehört auch die Frage der angemessenen Mitwirkung der kantonalen Parlamente. [234]

Aus den Positionen der Kantonsregierungen wird aufgezeigt, dass die Kantone vorerst auf eine zurückhaltende Entwicklung des bilateralen Weges setzen. Die Diskussion zu internen Reformen soll jedoch lanciert werden.

4.4 Volksinitiative: „Volkssouveränität statt Behördenpropaganda"

Mit der Volksinitiative Volkssouveränität statt Behördenpropaganda, welche auch unter dem Namen als Maulkorbinitiative[235] bekannt geworden ist, haben die Initianten versucht, die Interventionsmöglichkeiten des Bundesrats in Abstimmungskampagnen zu beschränken. Das Initiativkomitee Bürger für Bürger hat die Abstimmung lanciert, welche vom Volk mit 75.2 Prozent der Stimmen sowie von sämtlichen Kantonen abgelehnt worden ist.

[234] Vgl. Barblan [et al.] 2007, S. 38ff; dazu auch Münger 1994 oder Freiburghaus 2009, S. 291: Die Kantonsregierungen haben ein eigenes Organ geschaffen, welches ihnen ermöglicht, geeint dem Bund entgegenzutreten –in der Europapolitik und in anderen Bereichen der föderalen Zusammenarbeit. Zu diesem Zweck schufen sie 1993 die „Konferenz der Kantonsregierungen (KdK)".

[235] Vgl. Jung 2002, S. 30: Landläufiger Begriff im Zusammenhang mit politischen Vorstössen zur Umgestaltung der schweizerischen Volksinitiative und insbesondere die Abschaffung des Gegenvorschlages durch den Bundesrat.

Soziodemografische Faktoren wirken sich kaum auf den Stimmentscheid aus, wie die Analyse des Profils der Stimmenden ergeben hat. In der Westschweiz ist die Ablehnung etwas ausgeprägter als in der Deutschen Schweiz. Beim Stimmentscheid ergeben sich keine Unterschiede nach Alter oder Geschlecht. Viel stärker wiegen die politischen Faktoren. Die Parteizugehörigkeit wirkt sich stark auf den Stimmentscheid aus.

Der Nein-Stimmenanteil fällt bei den Anhängern der SPS (95%), der CVP (89%) und der FDP (74%) sehr hoch aus, während eine deutliche Mehrheit der SVP-Anhänger (72%) ein Ja in die Urne gelegt hat.

Diese Tendenz ist auch in Bezug auf die Selbsteinstufung auf der Links-Rechts-Achse zu erkennen. Je weiter rechts sich die Stimmenden einstuften, desto eher haben sie die Initiative unterstützt. Nur die Personen, die sich rechts außen einstufen, haben die Initiative angenommen. Die meisten Stimmenden, welche alt Bundesrat Christoph Blocher für sehr überzeugend halten, stehen der Initiative positiv gegenüber, während jene, die den damaligen SVP-Chef weniger überzeugend finden, diese massiv ablehnen.

Bestimmte politische Werte spielen beim Stimmentscheid ein Stück weit mit. Stimmberechtigte, die dem Bund mehr Macht übertragen möchten (Zentralisten), stehen der Vorlage insgesamt kritischer gegenüber als jene, die für eine Abtretung der Staatsgewalt an die Kantone (Föderalisten) sind. Bei den Personen, die für Schweizer Tradition eintreten, fällt die Ablehnung weniger hoch aus als bei anderen. Aus der Analyse der Stimmmotive geht hervor, dass vor allem zwei Überlegungen im Vordergrund gestanden haben. Eine freie, fundierte Meinungsbildung und die Rolle des Bundesrats in der Abstimmungskampagne. Diese je nach Stimmentscheid unterschiedlich gewichteten Argumente werden sowohl von Gegnern als auch von Befürwortern genannt. Die beiden verworfenen Volksinitiativen haben einen Graben zwischen der SVP und den anderen politischen Parteien geschaffen.

Im Gegensatz zu den Europaabstimmungen gibt es, abgesehen von der SVP-Anhängerschaft, kaum Stimmberechtigte, die ein Ja in die Urne legen. Im Verhältnis zu früheren VOX-Analysen ist festzustellen, dass die Unterstützung der SVP durch ihre Mitglieder nicht nachgelassen hat, sie aber bei Anhängern von anderen Parteien zumindest bei dieser Abstimmung an Einfluss eingebüßt haben. Das hängt möglicherweise damit zusammen, dass die Glaubwürdigkeit Christoph Blochers in den Augen der Schweizer Bevölkerung abgenommen hat. Vergleicht man diese VOX-Analyse mit jener zur Abstimmung vom 24. September 2006 (Asylgesetz), wird deutlich, dass sich bezüglich der Glaubwürdigkeit des damaligen SVP-Anführers eindeutig ein Graben aufgetan hat.

Bei einer VOX-Umfrage zur Abstimmung von September 2006 stuften nur 27 Prozent der Befragten die Glaubwürdigkeit von Christoph Blocher als sehr gering ein. Dieser Anteil ist gemäß Umfrage zum 1. Juni 2008 auf 43 Prozent gestiegen. Dies lässt den Schluss zu, dass Christoph Blochers Überzeugungsvermögen außerhalb seines Lagers abgenommen hat, was sich in der geringen Unterstützung für die beiden am 1. Juni 2008 zur Abstimmung stehenden Initiativen geäußert hat.[236]

4.5 Wie tragfähig ist der Bilateralismus?

Die bilateralen Abkommen der Schweiz mit der Europäischen Union haben den früheren Handlungsdruck für eine neue Schweizer Europapolitik vorerst reduziert. Der EU-Beitritt ist heute keine eigentliche Wirtschaftsfrage mehr.

Die langfristige Tragfähigkeit und auch die Zweckmäßigkeit des Bilateralismus bleiben aber weiterhin ungewiss.

Die Souveränitätsbilanz der Schweiz droht zunehmend negativ auszufallen. Auch ist der bilaterale Weg innen- und außenpolitisch verwundbar. Die Doppelstrategie der selektiven Zusammenarbeit und der bewussten Nischenpolitik im Finanz- und Steuersektor und in der Außenpolitik stößt bisweilen in der EU wie auch in der Schweiz auf harsche Kritik.

Die europapolitische Diskussion ist heute durch taktische Fragen der Konsolidierung des Bilateralismus geprägt. In Bereichen wie dem Außenhandel, der Währungspolitik, dem Steuersystem oder dem Finanzsektor grenzt sich die Schweiz im Sinne eines Standortwettbewerbs bewusst von der Europäischen Union ab. Gleichzeitig preist der Bundesrat den Bilateralismus als grundlegendes Alternativmodell zur EU-Mitgliedschaft auch für andere Staaten. Aufrufe schweizerischer Entscheidungsträger an die EU, sich zu „verschweizern" und ihren Bürgern mehr Partizipationsmöglichkeiten zu verschaffen, sind eindeutige Belege der gegenwärtigen Zuversicht.

Allerdings bleibt vorerst offen, ob der bilaterale Weg auch längerfristig tragfähig sein wird und den schweizerischen Interessen entsprechen kann. Das Verhältnis der Schweiz zum europäischen Integrationsprozess ist seit fünf Jahrzehnten eine Schlüsselfrage innerhalb der schweizerischen Außenpolitik.

Dabei hat die Schweiz die Europafrage immer primär unter wirtschaftlichen Gesichtspunkten betrachtet. Zwar hat die Eidgenossenschaft die Bedeutung der europäischen Einigung in Bezug auf Frieden und Sicherheit des Kontinents stets gewürdigt. Einen Einfluss auf die Entscheidungsfindung auf ihre Europapolitik hat diese Dimension jedoch nur begrenzt. Vielmehr hat der jeweilige von Europa ausgehende wirtschaftliche Handlungsdruck, die jeweilige Außenpolitik beeinflusst und damit auch den europapolitischen Kurs der Schweiz geprägt.

[236] Vgl. Engeli, Lloren und Nai 2008, o. S. [Hrsg.]

Das heutige bilaterale Vertragswerk mit seinen 20 Haupt- und rund 100 Sekundärabkommen hat den wirtschaftlichen Handlungsdruck für die Schweiz jedoch stark reduziert. Der uneingeschränkte Zugang zum gemeinsamen Binnenmarkt ist zwar nicht vollständig gewährleistet, doch ermöglicht der Bilateralismus der Schweiz eine Selektivität in der Zusammenarbeit mit der EU, die bisher auch die Fortführung von eigenständigen Positionen sichergestellt hat. Da es sich bei den bilateralen Verträgen um klassische zwischenstaatliche Verträge handelt, vermochte die Schweiz bis heute ihre institutionelle Unabhängigkeit zu wahren. Abgestützt auf den Europabericht 2006 hat der Bundesrat nach einer nüchternen, europapolitischen Bestandsaufnahme nun beschlossen, das Beitrittsgesuch zwar nicht zurückzuziehen, den EU-Beitritt aber nur noch als langfristige Option und nicht mehr als strategisches Ziel zu betrachten.

Als erste Priorität bei der Europapolitik des Bundesrates kommt heute die effiziente Umsetzung der bestehenden Verträge in Frage. Einzelne Abkommen sollen noch in Kraft gesetzt werden, andere gilt es anzupassen, wie das Beispiel der Personenfreizügigkeit gezeigt hat. Natürlich möchte die

Schweiz den Bilateralismus auch noch ausweiten. Der Bundesrat hat dazu sieben neue Dossiers eruiert und dazu den Wunsch nach einer engen Zusammenarbeit mit der Europäischen Union in einem immer breiter werdenden Themenspektrum manifestiert. Bemerkenswert ist, dass die Schweiz dabei erstmals auch Abkommen im Bereich der EU-Außensicherheitspolitik (der 2. Säule der Union) anstrebt.

So soll eine administrative Vereinbarung mit der Europäischen Verteidigungsagentur die Teilnahme an der EU-Rüstungskooperation ermöglichen. Auch soll ein weitgreifendes Rahmenabkommen die administrativen Modalitäten bei einer Beteiligung der Schweiz an zivilen und militärischen Friedensmissionen im Kontext der Europäischen Sicherheits- und Verteidigungspolitik verringern. Es kommt damit klar zum Ausdruck, dass der Bundesrat weiterhin eine klare Vorwärtsstrategie anstrebt, wobei sich hier jedoch die Frage der Nachhaltigkeit dieser Strategie stellt.

Auch wenn der Bilateralismus der Schweiz heute unbestritten Vorteile bringt, kann seine langfristige Tragfähigkeit und Zweckmäßigkeit keinesfalls als gegeben erachtet werden. Große Fragezeichen ergeben sich vor allem bezüglich der Souveränitätsbilanz und der innen- und außenpolitischen Verwundbarkeit des bilateralen Weges.

Staatspolitisch betrachtet droht der Souveränitätsverlust der Schweizer Europapolitik zunehmend negativ auszufallen. Angesichts ihrer wirtschaftlichen Abhängigkeit vom Binnenmarkt sieht sich die Schweiz aus Gründen der internationalen Wettbewerbsfähigkeit seit langem gezwungen, ihr Recht immer mehr an das europäische Gemeineigenschaftsrecht anzupassen, ohne bei dessen Entwicklung mitentscheiden zu können.

Der automatische Nachvollzug, welcher die einseitige Anpassung an die EU-Gesetzgebung ohne vertragliche Grundlage beinhaltet, lässt sich zwar nicht quantifizieren, hat aber schon heute beträchtliche Ausmaße angenommen. Auch mit den einzelnen bilateralen Abkommen übernimmt die Schweiz immer mehr Gemeinschaftsrecht. Obschon die meisten Abkommen statischer Natur sind, ist der Bundesrat häufig gezwungen, neue EU-Regelungen zu übernehmen, um den Vollzug des betroffen Abkommens nicht zu gefährden.

Generell zeigt sich die EU immer weniger bereit, mit Drittstaaten über Sonderlösungen in einzelnen Themenbereichen zu verhandeln, für welche sie in einem sehr aufwendigen Verfahren für alle 27 Mitgliedstaaten akzeptable Regelungen erarbeitet hat. Auch Schweizer Bemühungen, Verhandlungslösungen durch die gegenseitige Anerkennung der Gleichwertigkeit der jeweiligen Gesetzgebung zu erzielen, stoßen in Brüssel vermehrt auf Widerstand. Entgegen der verbreiteten Selbstbestimmungsrhetorik haben die faktischen Sachzwänge in der Schweizer Europapolitik massiv zugenommen.

Würde die Schweiz die Weiterführung der Personenfreizügigkeit zum Beispiel ablehnen, so werden auch die anderen Abkommen der Bilateralen I hinfällig.

Eine Ablehnung der Ausdehnung der Personenfreizügigkeit auf Bulgarien und Rumänien könnte die EU ebenfalls nicht hinnehmen, was zu einer doch recht schwierigen Ausgangslage beider Parteien führen würde. Das neue Schengen-Recht mit circa 50 Rechtsakten zu Themen wie biometrische Pässe und EU-Grenzschutz muss die Schweiz übernehmen, da sonst die Auflösung des Abkommens droht. Der Kohäsionsbeitrag[237] der Schweiz zur Unterstützung der EU-Staaten Osteuropas wird von Brüssel als Gegenzug für die privilegierten Beziehungen der Schweiz gegenüber der Europäischen Union schlicht erwartet. Sollte die Schweiz dereinst den Steuerstreit mit autonomen Maßnahmen entschärfen können, so wird kaum zu kaschieren sein, wie begrenzt ihr Handlungsspielraum heute faktisch nur noch ist. Unzweifelhaft hat die Schweiz auch als EU-Mitglied nur einen begrenzten Einfluss auf die Entwicklung des Gemeinschaftsrechts. Allerdings gilt es zu bedenken, dass Kleinstaaten in der EU dank der Bildung von Allianzen und dem Einstimmigkeitsprinzip in wichtigen Sachbereichen durchaus eine Gestaltungsmacht haben, welche häufig über ihre eigentliche Gewichtung hinausgehen kann.

[237] Vgl. Freiburghaus 2009, S. 335: Der EWR-Vertrag hatte namhafte Beiträg der EFTA-Staaten vorgesehen. Sinn und Zweck ist ein Finanztransfer zugunsten von den ärmeren EU-Staaten. Auch wenn sich die Schweiz dieser Pflicht durch Ablehnung des EWR-Beitritts entzog, so herrschte in der EU dennoch die Ansicht, dieses wohlhabende Land sollte sich ebenfalls beteiligen, zumal die Schweiz über die bilateralen Verträge mit der EU weitgehend den Zugang zum europäischen Binnenmarkt erhalten hat. Die schweizerische Regierung signalisierte im Jahr 2004 die Bereitschaft, sich jährlich mit etwa 200 Millionen Franken zu engagieren.

Ab welchem Punkt diese Gestaltungsmacht für die Schweiz in Zukunft durch eine geteilte Souveränität im EU-Rahmen grösser ist, bleibt letztlich eine Ermessensfrage. Innenpolitisch ist der Bilateralismus vor allem aufgrund der direkten Demokratie starken Auseinandersetzungen unterworfen. Abstimmungen zur Ausdehnung der Personenfreizügigkeit werden immer wieder mit sehr emotionalen Debatten verbunden sein.

In Zeiten von hoher Arbeitslosigkeit bei gleichzeitigem wirtschaftlichem Abschwung könnte der starke Anstieg ausländischer Arbeitskräfte die Europaskepsis in der Schweiz massiv schüren. Auch der anvisierte Agrarfreihandel mit der EU wird neue Abwehrreflexe gegenüber Europa auslösen. Gleichzeitig hängt die Fortführung des Bilateralismus auch von der wohlwollenden Haltung Brüssels ab.

Die EU hat den bilateralen Weg bisher in der Erwartung unterstützt, dass er die Schweiz näher an den Beitritt heranführt. Tritt das Gegenteil ein, könnte ihre Konzessionsbereitschaft künftig abnehmen. Insbesondere einige neue EU-Mitgliedstaaten, denen zur Erlangung der Beitrittsfähigkeit viel abverlangt worden ist und die zur Schweiz weniger intensive Beziehungen pflegen als die westeuropäischen EU-Gründerstaaten, stehen dem schweizerischen Sonderweg wohl eher skeptisch gegenüber.

Mit ihrer teilweise harschen Rhetorik und der konsequenten rechtlichen Argumentation im Steuerstreit hat die Schweiz an Verständnis für den von ihr in Brüssel häufig ins Feld geführten Sonderfall wohl ziemlich eingebüßt. So wird etwa kritisiert, dass die Schweiz zwar einen privilegierten Zugang zum Binnenmarkt beanspruche, parallel aber eine die EU schädigende

Nischenpolitik wie die Steuerregime fortführen will und sich damit die komparativen Vorteile der Nichtmitgliedschaft sichern wolle, was politisch absolut inakzeptabel sei. Auch wenn die EU vielstimmig ist und eine große Anzahl der Mitgliedstaaten der Schweiz gegenüber durchaus sehr wohlwollend eingestellt ist, scheint der Anpassungsdruck der EU auf die Schweiz mit zunehmender Intensität des Bilateralismus wieder anzusteigen. Um die Vorausschaubarkeit und die Rechtssicherheit des Bilateralismus zu erhöhen und negative Rückwirkungen themenspezifischer Streitpunkte besser auffangen zu können, hat die Schweiz der EU ein politisches Rahmenabkommen vorgeschlagen.

Damit soll eine politische Gesamtkoordination der heute doch sehr schwerfällig zu verwaltenden Abkommen und ein effizienterer Entscheidungsmechanismus ermöglicht werden. Zudem könnte ein politischer Dialog institutionalisiert werden, in dem gemeinsam internationale Herausforderungen diskutiert werden können. Die EU hat sich gegenüber solchen Ideen bisher sehr reserviert gezeigt.

Für die Union wäre ein solcher Rahmenvertrag dann interessant, wenn er eine standardisierte schweizerische Übernahme neuer EU-Regelungen zu den bestehenden Abkommen mit sich bringen würde. Auch die Idee eines politischen Dialogs stößt auf unterschiedliche Reaktionen, wobei einige Skeptiker auf den außenpolitischen Alleingang der Schweiz verweisen und sich die Begeisterungsfähigkeit dadurch im Rahmen hält.

Da all diese Aspekte einem ständigen Wandel unterworfen sind, ist eine kontinuierliche politische Debatte über die Tragfähigkeit des Bilateralismus unabdingbar. Bereits heute ist die Souveränitätsbilanz zwiespältig, und die außenpolitische Machbarkeit ist vor dem Hintergrund einiger Kritik seitens Brüssel an der Schweizer Abgrenzungspolitik etwa in Finanz- und Steuerfragen keineswegs gesichert. Sollten sich diese Nischen dereinst als nicht mehr praktikabel erweisen, so dürfte die EU-Beitrittsfrage neue Dynamik gewinnen. Selbst wenn der wirtschaftliche Handlungsdruck weiterhin gering bleiben sollte, wird die Frage der strategischen Positionierung der Schweiz in Europa immer wieder neu zu stellen sein. Da immer mehr Herausforderungen nur noch in einem europäischen Gesamtkonsens bewältigt werden können, könnte das Abseitsstehen der Schweiz mit dem geringen Engagement in Politikbereichen wie der EU-Außensicherheitspolitik eine effektive Interessenwahrung langfristig zunehmend erschweren.[238] Abschließend kann festgehalten werden, dass zwar kurzfristig der bilaterale Weg den außenpolitischen Druck der Schweiz gegenüber der Europäischen Union beseitigt hat, auf lange Sicht die Zukunft und damit auch die strategische Ausgangslage bezüglich einer weitergreifenden Integration offen bleibt. Gerade bei sensiblen Themen wie bei der schweizerischen Steuerpraxis und dem Bankkundengeheimnis werden mit dem Ausland sehr emotionale und polarisierende Debatten geführt, welche die europapolitischen Fronten zunehmend verhärten. Aus dem Blickwinkel der Regierung wird der Ausblick zum bilateralen Weg als anspruchsvoll dokumentiert:

„Priorität hat die Pflege der bestehenden Abkommen. Denn die Umsetzung und Weiterentwicklung der einzelnen Verträge ist ein ambitioniertes Programm: Die Abkommen müssen in Kraft gesetzt und auf neue EU-Mitgliedstaaten ausgedehnt werden. Die meisten Abkommen brauchen Aktualisierungen, um sie an veränderte Regelungen anzupassen. Andere Abkommen werden regelmäßig erneuert. Wo ein gemeinsames Interesse besteht, soll zudem die Zusammenarbeit auch in neuen Themen vertieft werden. Dies ist zum Beispiel im Bereich Strom der Fall. Ziel ist es, die Elektrizitätsmärkte teilweise zu öffnen und gleichzeitig die Versorgungssicherheit im liberalisierten Umfeld sicherzustellen. Ein weiterer neuer Interessensbereich ist der Landwirtschafts- und Lebensmittelsektor. Hier geht es um den Abbau von Handelshemmnissen wie Zöllen und unterschiedlichen Produktvorschriften.

[238] Vgl. Möckli 2008, S. 1ff.

Der liberalisierte Handel soll für die Landwirtschaftsprodukte (z. B. Fleisch) aber auch für die Produktionsmittel der Bauern (z. B. Maschinen) gelten sowie für die verarbeiteten Lebensmittel (z. B. Schokolade). Dritter Bereich ist die öffentliche Gesundheit. Die Zusammenarbeit in den Bereichen ansteckender Krankheiten, Lebensmittel und Produktsicherheit soll verstärkt werden, denn Krankheiten machen an den Grenzen nicht Halt; auch gefährliche

Substanzen und defekte Spielzeuge werden in ganz Europa vertrieben".[239]

5. Position der politischen Parteien

Eingangs muss betont werden, dass in der Schweiz die außenpolitischen Entscheidungsprozesse nicht so exekutivlastig ausgeprägt sind wie dies in anderen Ländern der Fall ist. Die soziale und kulturelle Heterogenität, das Zusammenfallen von vier Landessprachen, zwei Konfessionen und durch den Lebensraum bedingte Unterschiede, stellen die Parteien vor große Integrationsaufgaben. Die Kleinheit des Landes schmälert zudem das Rekrutierungspotenzial und fördert das bereits in der politischen Kulturverankerte Milizsystem als einzig mögliches Organisationsprinzip. Auch wenn durch die Rollenverbindungen der gesellschaftlichen und politischen Subsysteme Vorteile entstehen,[240] wird ein großer Teil der politischen Arbeit von nebenamtlichen Politikern verrichtet.

Die Parteien ihrerseits können ihren Mitgliedern meist nur zu unbezahlten Milizämtern verhelfen, so dass Ämterpatronage ihnen nur in beschränktem Masse eine gesteigerte Attraktivität verschafft.[241] Auch galt die Außenpolitik hier, im Vergleich zu anderen Staaten, lange als kein sonderlich bedeutender Politikbereich. Bei Abstimmungsvorlagen, welche eine außenpolitische Öffnung des Landes zum Ziel hatten, ist die Frage der mutmaßlichen Gefährdung der Neutralität stets im Vordergrund. Die

Gegner haben die Vorstöße mehrfach erfolgreich bekämpft. Die Entstehung der Schweizer Parteien hat in der ersten Hälfte des 19. Jahrhunderts begonnen. Als Vorläuferakteure treten wenig strukturierte politische Bewegungen in Erscheinung, die sich aufgrund gemeinsamer Ideen um bekannte Politiker herum bilden konnten. Erste Parteien entstehen in denjenigen Kantonen, in denen der Kampf um die Demokratisierung besonders früh und heftig einsetzt. Namentlich sind dies St. Gallen, Baselland, Luzern, Wallis, Waadt und Bern.[242]

[239] Integrationsbüro EDA/EVD [Hrsg.] 2009, S. 4

[240] Vgl. Neidhart 1986, S. 42

[241] Vgl. dazu Lenk 1982, S. 20ff: Präzisierung zur Einflussnahme und den Bestrebungen der Politik: „Politisches Handeln ist in der Regel dadurch gekennzeichnet, dass es auf ein bestimmtes Gruppeninteresse gestützt und daher auch an den Normen, Werte und Regeln dieser Gruppe orientiert ist. Unter dem Aspekt eines solchen Politverständnisses lässt sich nicht bloss ein auf den Staat bezogenes Handeln als «politisch» kennzeichnen, sonder eine jede gesellschaftlich relevante Aktivität, die die Struktur und damit die Machtverteilung der sozialen Gruppe, Organisationen und Institutionen sei es verändern, sei es stabilisieren will".

[242] Vgl. Gruner 1964/77, S. 203/25ff

Als erste Partei auf nationaler Ebene formiert sich auf helvetischem Boden im Jahr 1888 die Sozialdemokratische Partei der Schweiz (SP). Als direkte Folge davon beginne sich nun auch die anderen Kräfte straffer zu organisieren: Es werden die Freisinnig-Demokratische Partei (FDP) wurde 1894 und die Christlichdemokratische Volkspartei (CVP) 1912 auf nationaler Ebene gegründet. Im Jahr 1936 folgte schließlich die Gründung der Schweizerischen Volkspartei.[243] Zu Parteigründungen kommt es zu dieser Zeit nicht nur in den regionalen Zentren und Kantonshauptorten, sondern ebenso in kleineren Gemeinden. Es ist anzunehmen, dass je nach Bevölkerungsstruktur und politischen Präferenzen in den Gemeinden relativ eigenständige politische Gruppierungen entstehen konnten, die sich dann einer bestimmten Parteirichtung angeschlossen haben. Wenig wahrscheinlich ist die Vorstellung, dass die Herausbildung des lokalen Parteiensystems einem von den Zentren ausgehenden Kolonialisierungsprozess gleichkommt. Von den heute existierenden Lokalparteien können praktisch alle Lokalsektionen der großen Bundesratsparteien auf eine längere Geschichte zurückblicken.[244] Wird die politische Positionierung der einzelnen Parteien betrachtet, verliefen die Fronten früher etwas klarer als sie sich in den aktuellen Ausrichtungen zeigen. So positionierten sich die Freisinnigen als Wirtschaftspartei und setzten sich für möglichst viel Freiheitsrecht ein, was unter dem Label „liberal" einzuordnen war. Die SP hatte den Anspruch die Anliegen der Schwächeren und die Bedürfnisse der Arbeitnehmer zu vertreten, erhielt das Etikett „sozial". Dagegen verfolgte die SVP eine national-konservative Ausrichtung und die Grüne Partei positionierte sich ökologisch-sozial. Die CVP hatte als katholisch-konservative Partei den Anspruch, alle wirtschaftlichen Schichten zu vertreten, sofern sie dem Katholizismus nahe standen. Heute geht der Kampf um Wählerstimmen bei den politischen Parteien bedeuten weiter.

Über Werbebotschaften mit einfachen Slogans wird die Positionierung komplexer. Erstaunlicherweise bedienen sich die Parteien neuerdings auch mehrerer Themenbereiche, beispielsweise sozialer, grüner oder liberaler

Ausrichtungen. Wie sonst kann erklärt werden, dass sowohl FDP und CVP mit grünen Anliegen Wählerstimmen gewinnen wollen? Wer hätte der SP früher zugetraut, dass sie mehr Polizei und Repression fordert oder die Grünen plötzlich systematisch soziale Postulate propagieren?[245] Dies macht die Analyse der einzelnen Positionierungen zunehmend anspruchsvoller. Ein klareres Bild zeigt sich jedoch bei den jeweiligen europapolitischen Positionen. Der Sonderfall Schweiz hat in Bezug auf die Außenpolitik auch für die politischen Parteien nicht an Bedeutung verloren.

[243] Vgl. Ladner 2003; Moeckli 2008, S. 78
[244] Vgl. Ladner 1996, S. 5
[245] Vgl. Bircher 2009, S. 140f

Die EU-Beitrittsfrage steht bis heute im Mittelpunkt der strategischen Ausrichtung, sowohl bei der Regierung und als auch bei den politischen Parteien. Die Frage der Neutralität ist ein Dauerbrenner politischer Diskussionen, wenn es um die Beziehung zwischen der Schweiz und der Europäischen Union geht.[246]

Über die jeweiligen Parteiprogramme wird die Position gegenüber der Europäischen Union und dem EU-Beitritt unmissverständlich kommuniziert. Anhand der Positionierung der Parteien zeigt sich, dass die Beitrittsfrage bis heute ein beliebtes und sehr emotional geführtes Thema der Parteien ist. Die Befürworter unterstreichen eindringlich alle Vorteile, die Gegner argumentieren dagegen ausschließlich mit den Nachteilen und den Gefahren des Beitritts.

5.1 Der stärkste EU-Gegner ist die Schweizerische Volkspartei

Besonders die Schweizerische Volkspartei (SVP) hat als stärkste Partei die Stellungnahme zur EU im aktuellen Programm stark verankert. Die Europäische Union wird dabei als eine gute und wichtige Partnerin genannt. Es wird jedoch auch klargestellt, dass die Schweiz noch andere Wirtschaftspartner hat und die Regierung schon viel zu lange wie ein „Kaninchen vor der Schlange" nach Brüssel und den europäischen Raum starrt.

Die Schweizerische Volkspartei propagiert eine weltoffene, selbstbewusste Interessenpolitik gegenüber der Europäischen Union. Durch Selbstachtung soll die Achtung gestärkt werden und eine unabhängige und selbstbewusste Schweiz wird angestrebt. Die Partei betont, dass ihre Mitglieder als echte Patrioten es nie gescheut haben, die Vorzüge einer eigenständigen Nation aufzuzeigen.[247] Dazu gehören gemäß Parteiprogramm die immerwährende, integrale und bewaffnete Neutralität, die direkte Demokratie, der Föderalismus, die Gemeindeautonomie, die eigenständige Währung, die Wahrung der Rechte und die Steuerhoheit. Jedes vernünftige und erfolgreiche Land würde es so halten, und die schlecht ausgehandelten internationalen Verträge werden von der Partei immer wieder kritisiert. Vielmehr soll sich die Schweiz aus dem Korsett der internationalen Verträge und Vorschriften befreien. Die SVP lehnt einen EU-Beitritt konsequent ab und fordert einen Rückzug des EU-Beitrittsgesuchs.

[246] Vgl. Klöti [et al.] 2006, S. 603ff

[247] Bernhard 2009, 28f: Die Partei präsentiert sich als Sachwalterin des „echten Schweizertums". Die nationale Identitätspräsentation hat schließlich dazu geführt, dass es der Partei im Laufe der Zeit gelungen ist, die Berufung auf die „Alten Eidgenossen" für sich zu besetzen. Es ist heute anderen bürgerlichen Parteien, selbst wenn sie möchten, kaum mehr möglich sich glaubwürdig auf das alteidgenössische Sinnbild zu beziehen, da die SVP diese Position unantastbar einnimmt.

Es wird bekundet, dass außer der eigenen Partei alle Bundesratsparteien einen EU-Beitritt anstreben oder auf jeden Fall nicht grundsätzlich ablehnen. Ziel der Partei ist es, die Nachteile der EU-Mitgliedschaft aufzudecken und transparent zu machen. Das Nachlaufen, Nachäffen und Nachvollziehen sei noch nie ein Erfolgsrezept des eigenen Landes gewesen. Die Probleme sollen eigenständig mit eigener Gesetzgebung gelöst werden. Dabei haben nach Aussage der SVP die EU-Staaten keine einzige jener Aufgaben bewältigt, die angeblich nur mit Hilfe der Union gelöst werden können wie die Schuldenwirtschaft, Arbeitslosigkeit, schleppendes Wachstum, wirtschaftliche Liberalisierung, ausufernder Sozialstaat, Bildungsmisere, Kriminalität, Asylmissbrauch und Masseneinwanderung.

Nach Aussage der Partei würde ein Beitritt nur Nachteile hervorbringen, wobei weniger Lohn, höhere Zinsen, höhere Mieten und Hypothekarzinsen, Aufstockung der Mehrwertsteuer, Prämien und Abgaben genannt sind. Dazu wird angegeben, dass Nettozahlungen nach Brüssel in Milliardenhöhe zu leisten seien, der Euro statt des Frankens in den Mittelpunkt gelangt und der Verlust des Bankkundengeheimnisses den Finanzplatz Schweiz gravierend schwächt. Staatspolitisch bezeichnet die SVP den EU-Beitritt als vollständige Preisgabe der Selbstbestimmung. Die vier Säulen der politischen Identität –Unabhängigkeit, Föderalismus, Volksrechte und immerwährende, bewaffnete Neutralität –müssten dabei aufgegeben werden. Als Ziel wird eine vielfältige, freie und weltoffene Schweiz angeben, welche sich nicht auf die EU fixiert.[248]

Nach eigenen Angaben ist es Verdienst der SVP, das die Schweiz heute nicht Mitglied der EU ist. Mit ihrer klar ablehnenden Haltung zum EU-Beitritt hat die Partei der europafreundlichen Politik des Bundesrates, sowie auch dem außenpolitischen Kurs der anderen Parteien Gegensteuer gegeben. Schon zu Beginn der Neunziger Jahre hat die SVP als Alternative zum EWR- und EU-Beitritt bilaterale Verträge gefordert. Diese Forderung hat sich schließlich auch durchgesetzt, was sich diese Partei als Erfolg auf die Fahne schreibt. Nach jahrelangem, hartnäckigem Kampf sieht der Bundesrat den EU-Beitritt der Schweiz nicht mehr als strategisches Ziel, sondern nur noch als längerfristige Option. Auch in der Schweizer Wirtschaft setzte sich nach Meinung dieser Partei die Überzeugung durch, dass sich ein EU-Beitritt für den Wirtschaftsstandort Schweiz nachteilig auswirken würde.

Allzu sichtbar entwickelt sich das auf bürokratische Zentralisierung und Gleichschaltung ausgerichtete Konzept der Europäischen Union im weltweiten Wirtschaftswettbewerb zum gewaltigen Moloch, und nur dank der SVP ist der bilaterale Weg mehrheitsfähig geworden. Es wird festgehalten, dass dieser demokratisch mehrfach bestätigte Entscheid zu akzeptieren ist und gezielt weiterverfolgt werden muss. Die anderen europapolitischen Optionen fallen damit laut dieser Partei außer Betracht.

[248] Vgl. Schweizerische Volkspartei 2007a, S. 5ff. (Hrsg.)

Nicht zuletzt deshalb findet die Forderung der SVP nach einem Rückzug des EU-Beitrittsgesuches heute nicht nur im Volk, sondern nach und nach auch in den anderen Parteien Unterstützung, bekundet die Partei.

Neben den bereits aufgeführten Nachteilen wird laut SVP bei einem EU-Beitritt eine eigenständige Politik bezüglich Finanz-, Währungs-, Inflations-, Zins- und Handelspolitik nicht mehr möglich sein. Auch das Bankkundengeheimnis wäre nicht zu halten.

Das Zinsniveau der Schweiz müsste sich an das europäische Niveau anpassen, was gemäß SVP zur Folge haben soll, dass die Zinsbelastung für die gesamte staatliche und private Schuldenlast der Schweiz massiv ansteigen wird und ebenso die Wohnungsmieten um rund 30 Prozent nach oben schnellen lässt. Erhöhte Lohnnebenkosten und die markant gestiegene Mehrwertsteuer würden die Rahmenbedingungen für den Wirtschaftsplatz Schweiz stark verschlechtern. Unabwendbares Resultat wäre dadurch ein massiver Anstieg der Arbeitslosenquote, welche in der Europäischen Union auf einem Niveau von durchschnittlich 8,6 Prozent liegt, begründet die Schweizerische Volkspartei. Ein EU-Beitritt ist damit politisch, wirtschaftlich und sozial untragbar.

Aus diesem Grund fordert die SVP seit Jahren, dass das Beitrittsgesuch der Schweiz unverzüglich zurückgezogen werden muss.

Nachdem sich der bilaterale Weg durchgesetzt hat, muss es nach Meinung der SVP weiterhin darum gehen, die Eigenständigkeit und Unabhängigkeit der Schweiz gegenüber der Europäischen Union, aber auch gegenüber anderen Staaten und supranationalen Gemeinschaften zu wahren. Die Schweiz muss ihre Interessen konsequent verfolgen, ohne dem Druck der EU-Bürokratie aus Brüssel oder anderen internationalen Organisationen nachzugeben. Daher muss sich die Schweiz gegen alle Einmischungen von Seiten der EU zu innenpolitischen Themen – wie etwa auch der Steuerfrage –vehement zur Wehr setzen. Die Europäische Union ist nach Aussage der SVP in keiner Weise in der Position, einseitige Forderungen zu stellen, denn Sie profitiert ebenso von den bisherigen Verträgen wie mit der Schweiz oder anderen Vertragspartnern.

Die SVP will und fordert eine weltoffene und konkurrenzfähige Schweiz. Dies kann laut Partei nur erreicht werden, wenn die Eidgenossenschaft unabhängig und autonom bleibt und sich auch von einer Großmacht wie der Europäischen Union nicht einschüchtern oder gar erpressen lässt. Wirtschaftlich darf sich die Schweiz nicht auf den abgeschotteten EU-Markt fixieren, sondern müsse eine universale Außenwirtschaft betreiben. Die Achtung der Souveränität wird klar als wichtigste Voraussetzung für gesunde internationale Beziehungen vorausgesetzt. Der Begriff der staatlichen Souveränität hat sich seit dem 16. Jahrhundert entwickelt und beschreibt die Selbstbestimmungsfähigkeit durch Eigenständigkeit und Unabhängigkeit. So grenzt sich die Souveränität nach dem Verständnis der SVP vom Zustand einer europäischen Fremdbestimmung klar ab.

Nur der souveräne Staat kann seine Verfassungs- und Rechtsordnung wie auch seine Innen- und Außenpolitik selbst frei bestimmen. Er ist dabei nur den zwingenden Normen des Völkerrechts (z.B. Folterverbot etc.) unterworfen. Die Souveränität teilt sich so in eine Souveränität nach außen (staatliche Unabhängigkeit) und eine Souveränität nach innen (Selbstbestimmung in Fragen der staatlichen Gestaltung). Seit der Entstehung von souveränen Nationalstaaten bestehen die Staaten gleichberechtigt nebeneinander.

In diesem Sinn wird der Begriff Souveränität vor allem im Völkerrecht verwendet, so etwa auch in Art. 2 der UNO-Charta. Die gegenseitige Achtung der staatlichen Souveränität ist laut SVP eine zentrale Voraussetzung für internationale Beziehungen. Diese Freiheit eines souveränen Staates, seine Verfassungs- und Rechtsordnung selber zu gestalten, führt dazu, dass die Unterschiede unter den verschiedenen Staatssystemen –auch in Europa –zum Teil beträchtlich sind. Jedes Staatssystem hat Vor- und Nachteile und ist nicht für jeden Staat gleich geeignet. So ist etwa das zentralistische Präsidialsystem Frankreichs ganz anders aufgebaut als die direkte Demokratie der schweizerischen Eidgenossenschaft. Davon wiederum unterscheiden sich die parlamentarischen Demokratien oder auch die konstitutionellen aber auch die parlamentarischen Monarchien in anderen europäischen Staaten, argumentiert die SVP. Das schweizerische Regierungssystem ist weltweit einzigartig.

Es zeichnet sich durch eine starke föderalistische, freiheitliche und demokratische Prägung aus. So kann laut Partei die für das Präsidialsystem typische Machtkonzentration bei einer Einzelperson für Staaten mit weniger gefestigten demokratischen Abläufen eine gewisse Stabilität mit sich bringen, die sich positiv auf wirtschaftliche und soziale Fortschritte auswirken kann. Umgekehrt bringt dieses System das Risiko diktatorischer Auswirkungen mit sich (vgl. etwa Chile oder Argentinien).

Auf allen Staatsebenen – Gemeinde, Kanton und Bund – haben die Stimmbürger heute ein umfassendes Mitwirkungs- und Mitbestimmungsrecht. Aufgrund dieser direktdemokratischen Rechte kann das Volk selbst eine Oppositionsrolle wahrnehmen, meist in Verbindung mit einzelnen Parteien. Prägend für das schweizerische Staatssystem ist das seit 1874 bestehende fakultative Gesetzesreferendum. Damit bildet das Volk zusammen mit dem Parlament die Legislative. Weiter hält die SVP fest, dass die Schweiz kein Staatsoberhaupt hat. Der Bundespräsident ist nur als „primus inter pares" eingesetzt. Diese Regelung schränkt die Macht der Regierung ein, was wiederum den Einfluss von Parlament und Volk stärkt, dies bedeutet, dass der schweizerische Föderalismus stark ausgeprägt ist.

Die Mitbestimmungsrechte, aber auch die Kompetenzbereiche der Kantone sind laut SVP beträchtlich und äußerst wichtig. Verfassungsgeber sind dabei Kanton und Stimmbürger. Für jede Verfassungsänderung ist neben dem Volks- auch das Ständemehr erforderlich. Zahlreiche Belange wie beispielsweise die Schulhoheit, die Polizeihoheit, die Regelung der religiösen Belange oder auch Regelungen im steuerlichen Bereich sind den Kantonen überlassen.

Umgekehrt sind die Kompetenzen des Bundes klar eingeschränkt. Der Bund ist nur für diejenigen Belange zuständig, welche explizit in der Bundesverfassung aufgezählt sind. Alle anderen Bereiche gehören in die Kompetenz der Kantone. Die in den Kantonsverfassungen gewährleistete Gemeindeautonomie fußt ebenfalls auf der föderalistischen Staatsidee. Sie überlässt laut SVP den Gemeinden größtmögliche Selbständigkeit und ermöglicht so, neben den regionalen auch die lokalen Bedürfnisse zu befriedigen. Freiheitsrechte und Privatsphäre nehmen nach Meinung der SVP seit jeher in der Schweiz eine zentrale Stellung ein.

Diese Rechte wiederum sind immer eng mit den demokratischen Mitwirkungsmöglichkeiten und der subsidiären, föderalistischen Staatsstruktur verbunden. Dieses freiheitlich geprägte System hat nach Meinung der Schweizerischen Volkspartei der Schweiz Wohlstand, Sicherheit und Stabilität gebracht. Föderalismus bedeutet, mit seinen Ideen und Talenten, seinen finanziellen Mitteln und seiner Arbeitskraft im Wettbewerb zu den anderen Gliedstaaten, aber auch zum Ausland zu stehen. Analog zur freien Marktwirtschaft sollen die schweizerischen Bürger auch in Zukunft frei wählen können, welche Dienstleistungen, Steuersätze oder Schulsysteme sie in Anspruch nehmen möchten.

Der so entstehende kantonale Wettbewerb schafft Innovation, tiefe Steuern, Deregulierung und Effizienz. Vor diesem Hintergrund ist für die SVP auch das schweizerische Steuersystem zu erklären, welches auf die föderativen Grundsätze und den interkantonalen Wettbewerb baut. Teil der kantonalen Selbständigkeit, aber auch der Gemeindeautonomie ist die selbständige Bestimmung über die Höhe der Steuerbelastung. So unterscheiden sich die einzelnen Kantone nicht nur in der Höhe der Steuersätze, sondern auch in der Berechnung des steuerbaren Einkommens. Dazu kommen auch unterschiedliche Abgaben und Gebühren. Diese Ausgestaltung des schweizerischen Systems entspringt einer freiheitlichen Überlegung, wobei jeder Kanton und jede Gemeinde nur so viel Steuern, Abgaben und Gebühren erheben soll, wie zur Erfüllung der öffentlichen Aufgaben nötig ist.

Dieser Bedarf an finanziellen Mitteln kann dabei am besten auf Gemeinde- oder kantonaler Stufe definiert werden. Die föderalistische Regelung garantiert gleichzeitig eine Kontrolle der Stimmbürger über die ihnen auferlegte steuerliche Belastung, welche sie mittels ihrer demokratischen Mitwirkungsrechte selbst beeinflussen und festlegen können, was laut SVP ein klarer Vorteil von diesem System ist. Die Erhebung von Steuern ist letztlich ein staatlicher Eingriff ins Privateigentum. So dürfen laut SVP die Bürger, aber auch die Unternehmungen nur soweit besteuert werden, als es wirklich nötig ist. Da das Nebeneinander von 26 kantonalen Steuerrechten auch zur Mehrfachbesteuerung desselben Steuerobjekts führen kann, sieht die schweizerische Bundesverfassung ein Doppelbesteuerungsverbot vor.[249]

---

[249] Bundesverfassung (2008), Artikel 127, Grundsätze der Besteuerung, Absatz 3: „Die interkantonale Doppelbesteuerung ist untersagt. Der Bund trifft die erforderlichen Maßnahmen".

Diese Grundsätze stehen dabei laut SVP in diametralem Gegensatz zu den Diskussionen und Anweisungen über Mindeststeuersätze in der Europäischen Union.

Diese Darlegung der Schweizerischen Volkspartei zeigt die beträchtlichen Unterschiede des schweizerischen Staats- und Steuersystems zu den Verfassungsordnungen der Länder Europas. Dabei hat noch 1980 die Kommission in ihrem Dokument „Der Konvergenzspielraum der Steuersysteme in der Gemeinschaft" die Steuerhoheit als eine der grundlegenden Komponenten der nationalen Souveränität hervorgehoben. Seit dem Inkrafttreten des Maastrichter Vertrags und der EU-Erweiterung hat sich das wirtschaftliche, finanzpolitische und damit auch steuerpolitische Umfeld jedoch grundlegend geändert.

Die Verschuldung aller europäischen Länder – namentlich auch der früheren EU-Lokomotiven wie Deutschland, Frankreich oder Italien – hat nach Aussagen der SVP drastisch zugenommen. Der Finanzbedarf der öffentlichen Hand wächst dabei rasant an, und die Belastung mit Zwangsabgaben steigt stetig. So spricht die Kommission bereits Ende der Neunzigerjahre vom schädlichen Steuerwettbewerb, und auch die OECD bemüht sich darum, den angeblichen Steueroasen ein Ende zu bereiten. Der zunehmend zentralistische Ansatz in der Ausgestaltung des Steuersystems (Harmonisierung, Verordnung von Mindeststeuersätzen etc.) manifestiert sich auch in der übrigen Gestaltung der Rechtsordnung. Die EU ist zunehmend zentralistisch und zeichnet sich durch eine immer höhere Regulierungsdichte aus.

All diese Tatsachen führen laut SVP in der Europäischen Union zu einem beträchtlichen Demokratiedefizit, das sich gar in einer faktischen Aufhebung der Gewaltenteilung zeigt. Die Entwicklung der EU vom EWR mit zwölf Mitgliedstaaten – welchem der Bundesrat 1992 beitreten wollte – hin zur Union mit 27 Mitgliedstaaten ist enorm. Die Erweiterung und Integration osteuropäischer Staaten bringt laut SVP auch mit sich, dass neue Kulturkreise zur EU gestoßen sind, was sich mitunter im religiösen, aber auch staats- und verfassungsrechtlichen Bereich manifestiert. In Deutschland gehen nach Recherchen der SVP nur noch 16 Prozent der Rechtsvorschriften von Berlin aus, die restlichen Bestimmungen (84 Prozent) müssen aus Brüssel übernommen werden. Somit ist für die SVP klar, dass in der EU die Mitsprachemöglichkeiten der Bevölkerung minimal sind und auch der parlamentarische Einfluss sehr gering ist. Der Ministerrat übernimmt sowohl Aufgaben der Legislative als auch der Exekutive. Die Bevölkerung und die Politiker der einzelnen Länder werden nach der Wahrnehmung der SVP je länger desto mehr aus dem gesetzgeberischen Prozess ausgeschlossen. Es ist darum für die Partei offensichtlich, dass dieses System mit der schweizerischen direkten Demokratie unvereinbar ist.

So kommt die SVP zum Schluss, genauso wie die EU-Staaten in der Ausgestaltung ihres Steuersystems frei sind, so zwingend ist es, dass auch die schweizerische Souveränität und damit das schweizerische Selbstbestimmungsrecht über die steuerliche Ordnung anerkannt wird.

Wenn die EU auf das schweizerische Steuersystem Einfluss nehmen will, kommt dies einer Missachtung der staatlichen Souveränität gleich. Damit wäre die zentrale Grundlage für internationale Beziehungen nicht mehr gegeben. Die EU versucht laut SVP derzeit verstärkt, mittels erpresserischer Methoden Druck auf das Schweizer Steuersystem auszuüben. Diese Angriffe auf das schweizerische System kommen damit einer Infragestellung der schweizerischen Souveränität gleich. Der Steuerwettbewerb ist Ausdruck der kantonalen Souveränität, ein wichtiger Standortfaktor und damit Fundament des schweizerischen Wohlstandes. Die SVP weist jede Einmischung in unsere inneren Angelegenheiten mit aller Schärfe zurück.

Die rechtlichen Erklärungen der EU sind ihrer Meinung nach schwach. Das Freihandelsabkommen von 1972, auf das sich die EU beruft, hat mit dem schweizerischen Steuerwettbewerb nichts zu tun und taugt dabei nicht als Argument. Auch der Versuch, mit moralischem Druck etwas zu erreichen (unfairer Steuerwettbewerb), ist durchsichtig. Darum erwartet die SVP vom Bundesrat, dass er in dieser Situation Führung, Entschlossenheit und eine klare Haltung einnimmt. Zum kantonalen Steuerwettbewerb gibt es laut Partei nichts zu verhandeln. Weicht die EU nicht von ihrem Standpunkt ab, und folgen weitere Drohungen oder gar Sanktionen gegen die Schweiz, so stellt sich die Frage nach möglichen Retorsionsmaßnahmen seitens der Schweiz in aller Ernsthaftigkeit. Folgende Schritte könnten laut SVP geprüft werden:

- Verzicht auf den Ausbau der Abkommen, mit Rumänien und Bulgarien
- Sistierung der Kohäsionszahlungen an die EU
- Keine Auszahlung des EU-Anteils der Zinsbesteuerung
- Prüfung von Maßnahmen im verkehrspolitischen Bereich (Anpassung der Gebühren für Personen- und Lastkraftwagen)

In einem Vorstoß fordert die SVP den Bundesrat auf, zu diesen möglichen Retorsionsmaßnahmen Stellung zu nehmen. In verschiedenen Bereichen finden zurzeit Gespräche zwischen der Schweiz und der EU statt. Neben einem Strom- und Elektrizitätsabkommen, bei welchem die EU stark von der Schweiz profitieren könnte, und den Forschungs- und Bildungsabkommen hat sich auch im Gesundheitsbereich ein gegenseitiges Interesse an einer verstärkten Zusammenarbeit gezeigt. Bei all diesen Verhandlungen ist gemäß der SVP sicherzustellen, dass die Verträge auch in schweizerischem Interesse liegen.

Das Ja zum bilateralen Weg heißt nicht, dass solchen Vereinbarungen unbesehen zugestimmt wird, denn die Schweiz soll Verträge abschließen, welche nicht nur der EU, sondern auch der Schweiz, dem Schweizer Volk und der Schweizer Wirtschaft von Nutzen sind. Die Wahrung der schweizerischen Interessen steht im Mittelpunkt. Letztlich dienen diese Verträge auch dazu, dass ein EU-Beitritt vermieden und die schweizerische Souveränität und Freiheit jederzeit gewährt werden kann.

Aus diesen Überlegungen heraus lehnt die SVP den Abschluss eines Assoziierungsvertrages mit der EU entschieden ab. Hinter der Forderung nach einem solchen Rahmenvertrag mit der EU verstecken sich unklare Inhalte und unbestimmte Auswirkungen in Bezug auf die bisher abgeschlossenen bilateralen Verträge. Ein Rahmenvertrag wird von der SVP als Aufbau einer institutionellen Bindung und damit als Vorstufe zum EU-Beitritt gewertet. Die Partei fordert, dass der Bundesrat in Zukunft umfassender und transparenter über die anstehenden Verhandlungen informiert. Volk und Parlament müssen von Anfang an über laufende Geschäfte Bescheid wissen, denn kurz nachdem das Schweizer Stimmvolk am 26. November 2006 die vom Bundesrat der EU in Aussicht gestellte Zahlung von einer Milliarde in den EU-Kohäsionsfonds bewilligt hat, steht die EU erneut mit Zahlungsforderungen, diesmal für Bulgarien und Rumänien, vor der Tür. Diese – oder auch andere Zahlungen – dürfen nicht erneut und ohne Gegenleistungen von seiten der EU bewilligt werden. Es darf laut SVP nicht sein, das die EU konstant mit neuen Forderungen an die Schweiz tritt, ohne dafür auch etwas zu bieten.

Die Schweizer Politiker – namentlich auch die Linken und Grünen – müssen endlich lernen, gegenüber der EU hart zu bleiben und auch einmal Nein zu sagen. Bis zum 31. Mai 2007 bestehen laut SVP Höchstzahlen für die Einwanderung von Arbeitskräften aus den 15 alten EU-Staaten. Diese Kontingente für Daueraufenthalter (15.000 jährlich) werden nach Meinung der SVP in den ersten zwei Jahren erwartungsgemäß stark beansprucht. Die SVP fordert vom Bundesrat vor einer allfälligen Referendumsabstimmung bezüglich einer Ausdehnung auf Rumänien und Bulgarien einen Bericht über die Auswirkungen der Personenfreizügigkeit in Bezug auf die Entwicklung der Löhne, der Arbeitslosenziffer sowie der Sozialwerke.[250] Die SVP bekundet damit klar eine ablehnende Haltung gegenüber einem EU-Beitritt und dem geregelten Ausbau der bestehenden Abkommen und setzt sich gar für einen Rückbau und eine Abschottung gegenüber der Union ein.

[250] Vgl. Schweizerische Volkspartei [Hrsg.] 2007b, S. 1ff.

5.2 Die Sozialdemokratische Partei fordert den EU-Beitritt

Im Gegensatz zur SVP fordert die Sozialdemokratische Partei der Schweiz (SPS) seit 1991 den Beitritt der Schweiz zur EU und hat dazu regelmäßig umfangreiche Positionspapiere erarbeitet. In der Zusammenfassung der Europa-Plattform der SPS wird die Position der Partei wie folgt umschrieben: Mit den öffnungspolitischen Abstimmungen im Jahre 2005 (Schengen/Dublin und Ausdehnung der Personenfreizügigkeit) erteilte das Schweizer Volk dem Isolationismus und der Abschottung einmal mehr eine klare Absage und bekräftigte gleichzeitig, dass sich Öffnung und innere Reformen nicht trennen lassen. Damit bleiben für die schweizerische Außenpolitik der Zukunft zwei Optionen offen: Die Fortsetzung des bilateralen Weges und die Aufnahme von Beitrittsverhandlungen mit der Europäischen Union mit dem Ziel eines EU-Beitritts. Die SPS Schweiz hat mit ihrer neuen Europa-Plattform beide Optionen abgewogen und Vor- und Nachteile analysiert.

Dabei kommt die SPS zu einem klaren Schluss: Der Bilateralismus nähert sich seinem Ende, Priorität hat nun die Vorbereitung des EU-Beitritts. Dazu braucht es jetzt rasche Entscheide und eine breite innenpolitische Debatte in der Bevölkerung, die durch die Europa-Plattform der SPS mit angestoßen wird. Denn das Aufzeigen der Vor- und Nachteile eines EU-Beitritts –und damit auch der notwendigen Begleitmaßnahmen, um allfällige Nachteile zu vermeiden und diese nach Möglichkeit ebenfalls in Vorteile umzuformen – ist eine zwingende Voraussetzung, um für den EU-Beitritt eine Mehrheit zu schaffen.[251]

Der Weg über die bilateralen Verträge ist für die SPS nach Ablehnung des EWR-Beitritts 1992 eine unabdingbare Notwendigkeit, um den größten Schaden in der Schweiz – gerade auch in wirtschaftlicher Hinsicht – abzuwenden. Die abgeschlossenen Verträge vereinfachen die Beziehung zur EU und sind für alle Bürger und Bürgerinnen gut spürbar. Der Bilateralismus hat aber in institutioneller Hinsicht bedeutende Nachteile:

- **Der Bilateralismus ist zu statisch:** Mit den statischen Verträge ist der Zwang verbunden, dass sich die Schweiz der dynamischen Rechtsentwicklung innerhalb der EU fortlaufend anpasst, ohne über diese mitentscheiden zu können.
- **Autonomer Nachvollzug bedeutet Souveränitätsverlust:** In vielen Teilbereichen verzichtet die Schweiz überhaupt auf Verhandlungen und passt die eigenen Gesetze auf dem Weg des Nachvollzugs an. So will der Bundesrat das Cassis-de-Dijon-Prinzip –die wechselseitige Anerkennung von Marktzulassungen – ohne zu

verhandeln einführen. Damit würde die Schweiz zwar die Marktzulassungen der EU-Mitgliedstaaten anerkennen müssen, nicht aber die Mitgliedstaaten die Zulassungen der Schweiz.

[251] Sozialdemokratische Partei, 2006, S. 1 (Hrsg.)

Nach Aussagen der SPS ist der bilaterale Weg unsicher und ineffizient. Dem Bundesrat würden damit nur beschränkte Mittel in der Außenpolitik zur Verfügung stehen, um die vielseitigen Interessen der Schweiz in der EU voranzutreiben. Im Falle eines Beitritts könnte die Schweiz im vollen Umfang ihre Interessen wahren und gestärkt als integrierter Partner aktiv auf Entscheide einwirken. Die bilateral vereinbarten Rahmenabkommen können heute nur die institutionellen Schwächen abfedern, sie jedoch nicht beseitigen.

Weiter könnte die Schweiz nach einem Beitritt innerhalb der EU Druck aufsetzen, nicht zuletzt bei jenen Entscheiden, für die im Europäischen Rat Einstimmigkeit erforderlich ist. Trifft die Europäische Union einschneidende Entscheide – wie zur Ausdehnung der Personenfreizügigkeit – so kann die Schweiz zwar jenen Teil der Verträge neu aushandeln und im Referendumsfall vom Stimmvolk bestätigen lassen. Bei Ablehnung würde jedoch der Verfall der bilateralen Verträge auf dem Spiel stehen.

Die Vergangenheit zeigt, dass der bilaterale Weg schwerfällig ist und schließlich zu einem unhaltbaren Reformstau führt.

Die SPS verweist dabei auf die acht Jahre vom EWR-Nein bis zur Ratifizierung der bilateralen Verträge I und die weiteren fünf bis sieben Jahre bis zum Inkrafttreten der bilateralen Verträge II. Während den

Verhandlungen und der Genehmigung tauchten Dutzende von neu gewichteten Verhandlungsbegehren auf. Zu solchen Begehren gehören das Osthilfegesetz und der Kohäsionsbeitrag, das Stromabkommen und der Beitritt zur Aufsichtsbehörde GSA über das satellitengestützte Navigationssystem Galileo, für das die Schweiz ohne Mitgliedschaft kein Mitspracherecht besitzt. In verschiedenen Bereichen wie der Anerkennung der Medikamentenzulassung oder der regionalen Patentschöpfung, welche in der Schweiz zu einer markanten Preissenkung führen würden, lehnt der Bundesrat bilaterale Verhandlungen ab.[252]

Für die SPS gibt es aus diesem Grunde nur eine Schlussfolgerung:

> *„Allein, die rasche Einleitung von Beitrittsverhandlungen bietet eine Perspektive, um die wachsende Abhängigkeit von Brüsseler Entscheiden, die unumgänglich mit dem bilateralen Weg und autonomen Nachvollzug verbunden ist, zu überwinden und für die Schweiz Souveränität zurück zu gewinnen".*[253]

[252] Vgl. Sozialdemokratische Partei, 2006, S. 2ff. (Hrsg.)
[253] Sozialdemokratische Partei, 2006, S. 5 (Hrsg.)

Die **Vorteile** eines EU-Beitritts liegen nach Meinung der Sozialdemokratischen Partei wie folgt vor:

- Die Schweiz muss dort mitentscheiden können, wo die zentralen Entscheidungen gefällt werden, nämlich an jenem Ort, wo Europapolitik gemacht wird. Nur durch einen Beitritt verschafft sich ein Staat das volle Mitentscheidungsrecht.

- Die großen Probleme von Europa machen an keiner Grenze halt. Immer mehr öffentliche Güter müssen auf internationaler Ebene bereitgestellt werden. Die Interessenkonflikte kann die Schweiz nur innerhalb der EU bewältigen.
- Die EU ist das große Friedenswerk von Europa. Es liegt im ureigensten Interesse der Schweiz, dieses Friedenswerk zu unterstützten.
- Die EU wird als das europäische Sozialmodell bezeichnet. Ein Zerfall hätte auch für die Schweiz weitreichende Folgen. Fällt das Sozialmodell in der EU, so wird es auch in der Schweiz kaum noch zu halten sein.
- Die von der EU vertretenen weltpolitischen Positionen stehen jenen der SPS nahe. Die EU vertritt auf globaler Ebene die Menschenrechte, die Entwicklung, die Umwelt, die Friedensförderung und andere Kernanliegen mit der gleichen außenpolitischen Position analog der SPS Schweiz.
- Durch die Entstehung eines unionsweiten Rechtsraumes wird in hohem Masse die Lebensqualität der Bürger und Bürgerinnen erhöht. Es ergeben sich Vorteile aus der wachsenden Zusammenarbeit, Vergleichbarkeit und Übereinstimmung in den Rechtssystemen der Mitgliedstaaten.
- Fortschritte im Bereich Sozialversicherungen, besserer Schutz der Arbeitnehmer durch Ausdehnung des Kündigungsschutzes bei sinkenden Arbeitszeiten werden als positive Effekte aufgeführt.

- Durch Mitgestaltung und Teilnahme an europäischen Bildungs- und Forschungsprogrammen könnte die Schweiz weit mehr profitieren als nur auf der Basis von bilateralen Verhandlungen.
- Die Schweizer Exportindustrie kann von zusätzlichen Exportchancen profitieren, welche einen besseren Marktzutritt durch Beseitigung von immer noch vorhandenen Handelshemmnissen und Zollformalitäten gewährleistet werden können. Aber auch die Konsumenten profitieren von sinkenden Preisen durch Parallelimporte. Das Wettbewerbsrecht wird griffiger, und Monopolrenten werden abgebaut.
- Der Beitritt verleiht dem ökologischen Umbau der Energieversorgung nachhaltige Impulse für die Schweiz. Die Partei hält fest, dass sich aus dem Beitritt auch Nachteile ergeben. So kann es nach der Reform der Volksrechte Entscheide geben, bei welchen die Volksentscheide nicht unmittelbar verbindlich sind, sondern leitende Staatsorgane beauftragt werden, die Anliegen der Schweiz in der EU zu vertreten. Weiter hätte die Schweiz einen Nettobeitrag von mehreren Milliarden zu leisten, und die Mehrwertsteuer wird durch die Erhöhung von 7,6 auf 15 Prozent praktisch verdoppelt. Auch fordert die Europäische Union im Bereich der Post, des Strommarktes und der Telekommunikation einen Grad der Marktöffnung, welcher von der SPS klar abgelehnt wird.

Nach Meinung der SPS können die Nachteile durch flankierende Maßnahmen abgefedert werden, und aus vermeintlichen Risiken könnten sogar Chancen und Gewinne für die Schweiz hervorgehen. Als Referenz wird die Personenfreizügigkeit genannt, da heute durch die Arbeitsmarktöffnung der Schweiz die wirtschaftlichen Vorteile überwiegen. Für die Partei ist wichtig, dass bei einem Beitritt der intern notwendige Reformbedarf der politischen Institutionen mittels einer Parlaments- und Regierungsreform begegnet wird. Für die Integration in die EU werden Übergangsfristen mit vier Kernpunkten gefordert:

1.) Die Anhebung der Mehrwertsteuersätze muss zeitlich gestaffelt erfolgen.

2.) Die Schweizer Landwirtschaft wird nach dem Beitrittszeitpunkt schrittweise an die EU- Agrarmarktordnung angepasst.

3.) Die Übergangsregelungen bei der Personenfreizügigkeit sollen bestehen bleiben.

4.) Die Beitragszahlungen an die EU sollen langsam und zeitlich gestaffelt angehoben werden.

Es werden aber auch mittels Eingeständnissen der EU dauerhafte Ausnahmen gefordert. Die Beibehaltung der Monopolgrenze für Inlandbriefsendungen soll bei 100 Gramm pro Brief sichergestellt werden. Es wird gefordert, dass die letzte Meile[254] nicht entbündelt wird und der Strommarkt erst ab einer bestimmten Verbrauchsgrenze geöffnet werden muss. Die Schweiz soll – ähnlich wie beispielsweise Schweden und Großbritannien – den EURO vorläufig nicht übernehmen. Die Sozialdemokratische Partei vertritt die Position, dass die Vorteile des EU-Beitritts die Nachteile weit übertreffen.

Zudem können die Nachteile durch geeignete Maßnahmen praktisch vollständig entschärft und sogar zum größten Teil in Vorteile umgewandelt werden. Abgestützt auf diese Tatsache wird eine sofortige Vorbereitung von Beitrittsverhandlungen gefordert. Als erstes soll eine intensive Beitrittsdebatte geführt, und sowohl die Vor- und Nachteile der beiden Optionen – Weiterführung des bilateralen Weges – offen gelegt und diskutiert werden.[255]

[254] Verbindung von nationalen Telekommunikations-Netzen zum Hausanschluss, für welchen bis heute nur die Swisscom AG eine staatliche Zulassung zur Erstellen und Wartung hat

[255] Sozialdemokratische Partei 2006, S. 5ff. (Hrsg.)

Die Argumentationen und damit auch die Positionierung der SPS stellen einen klaren Gegenpol zur Ausrichtung der SVP dar und können unterschiedlicher kaum sein.

5.3 Die Freisinnig-Demokratische Partei setzt auf den bilateralen Weg

Die Positionierung der Freisinnig-Demokratische Partei (FDP) unterscheidet sich grundlegend bei der Grundhaltung gegenüber derjenigen von der SVP und der SPS.

Für die Freisinnig-Demokratische Partei ist der bilaterale Weg ein Erfolg. Mit der Vernehmlassungsantwort zur Personenfreizügigkeit nimmt die Partei aktuell ausführlich zum Thema EU-Beitritt wie folgt Stellung: Die bilateralen Abkommen mit der EU tragen maßgeblich zum wirtschaftlichen Erfolg der Schweiz bei. Die Konsumentinnen und Konsumenten profitieren von einer tiefen Inflation, die Schweizer Exporteure vom hohen Wachstum der neuen EU-Staaten.

Dem Abkommen über die Personenfreizügigkeit kommt hierbei eine zentrale Rolle zu.

Die Öffnung des Arbeitsmarktes fördert das Wirtschaftswachstum und stärkt den Produktionsstandort Schweiz nachhaltig. Die Befürchtungen im Zusammenhang mit der Personenfreizügigkeit haben sich nicht bewahrheitet. Es ist weder zu einer Masseneinwanderung noch zu einen systematischen Lohndumping gekommen. Im Gegenteil: das Abkommen über die Personenfreizügigkeit ist ein wichtiger Bestandteil der Schweizer Migrationspolitik. Es hat eine Verlagerung der Einwanderung stattgefunden. Es sind heute primär qualifizierte Personen aus Europa, die in der Schweiz arbeiten und einen wichtigen Beitrag zum Wachstum leisten.

So wurde das Wachstum der vergangen Jahre erstmals nicht durch einen Mangel an qualifizierten Arbeitskräften gebremst. Die FDP hat sich in den vergangen Jahren konsequent für den bilateralen Weg eingesetzt und erfolgreich für die bilateralen Verträge gekämpft. Die Stimmbürgerinnen und Stimmbürger haben diese Politik eindrücklich bestätigt und den bilateralen Weg direktdemokratisch legitimiert (Bilaterale I,

Schengen/Dublin, Erweiterung Personenfreizügigkeit, Osthilfegesetz). Die FDP wird sich in Zukunft für die Fortführung dieser erfolgreichen Europapolitik und für die Interessen der Schweizerinnen und Schweizer einsetzen.[256] Die Freisinnig-Demokratische Partei bekennt sich damit klar zum Bilateralismus und fördert gemeinsam mit den Arbeitgeberverbänden die Akzeptanz der Abkommen. In einem gemeinsamen Lobbying werden die positiven Effekte aus den bilateralen Abkommen an die breite Öffentlichkeit kommuniziert. Die Kampagne hat zum Ziel, die Vorteile des Bilateralismus in der schweizerischen Öffentlichkeit aufzuzeigen und eine bessere Wahrnehmung zu erreichen.

[256] Freisinnig-Demokratische Partei, 2008, S. 1 (Hrsg.)

5.4 Charta für eine liberal-soziale Schweiz der CVP

Die Positionierung der Christlichdemokratischen Volkspartei (CVP) beruht auf einer liberal-sozialen Einstellung. Die Gemeinschaft der Schweiz besteht laut CVP in der Freiheit des Individuums, dem friedlichen Zusammenleben unterschiedlicher Gruppen und dem gerechten sozialen Ausgleich. Die Gemeinschaft der Schweiz steht nach Meinung der Partei auf dem Fundament christlich-demokratischer Grundwerte, welche es zu bewahren und zu entwickeln gilt. Die Orientierung der Partei folgt dabei den ethischen Werten dieses historischen Erbes, wobei die Menschen und die Gemeinschaft ins Zentrum gestellt werden. Die CVP steht zum Föderalismus, der Demokratie und dem Rechtstaat.

Zur Positionierung innerhalb der Europapolitik bekennt sich die Christlichdemokratische Partei zum bilateralen Weg und bekräftigt dies mit einem Communiqué am 23. Januar 2008. Dabei wird auch Stellung zum Freizügigkeitsabkommen genommen. So steht geschrieben, dass in den kommenden zwei Jahren die Fortsetzung des Freizügigkeitsabkommen mit der EU und die Ausdehnung desselben Abkommens auf die Staaten Bulgarien und Rumänien im Fokus stehen. Die CVP Schweiz setzt sich im Rahmen ihrer Europapolitik mit Nachdruck für die Weiterführung des bilateralen Weges ein.

Von der Partei wird an der Delegiertenversammlung festgehalten, dass die Schweiz im internationalen Umfeld souverän und unabhängig bleiben soll, was bedeutet, dass die Nation wirtschaftlich stark und vernetzt sein muss. Diese Tatsache braucht einen ungehinderten Zugang für schweizerische Produkte und Dienstleistungen zu den Weltmärkten und ein stabiles und geregeltes Verhältnis zu den wichtigsten Handelspartnern.

Die CVP arbeitet konsequent an der Weiterentwicklung der bilateralen Abkommen und weiterer Freihandelsabkommen. Wirtschaftliche Stärke und außenwirtschaftliche Offenheit sind nach der Parteimeinung Zwillinge, die man laut der Christlichdemokratischen Partei nicht trennen darf. Daraus folgt der Schluss für die Partei, dass die Weiterführung des Freizügigkeitsabkommens zwischen der Schweiz und der EU für die Schweizer Wirtschaft von allergrößter Bedeutung ist. Die Europäische Union ist und bleibt der wichtigste Handelspartner der Schweiz. Durch die Weiterführung des bilateralen Weges garantiert die Union den erleichterten Zugang zum EU-Binnenmarkt von 490 Millionen Personen. Eine Nagelprobe für die Wirtschaftsfreundlichkeit einer Partei werden die anstehenden Entscheide zur Personenfreizügigkeit darstellen. Die Schweizer Wirtschaft ist stark exportorientiert.

Die Gefährdung des bilateralen Weges wäre Gift für die Schweizer Wirtschaft und schweizerischen Arbeitsplätze, wird von der Parteileitung bekundet.

Der Bericht über flankierende Maßnahmen vom September 2007[257] zeigt, dass die Schweiz ein gutes Instrumentarium hat, missbräuchliche Unterschreitungen der Lohn und Arbeitsbedingungen zu verhindern. Die bestehenden flankierenden Maßnahmen sind gemäß CVP genügend.

Die Christlichdemokratische Partei Schweiz wird im Rahmen des Vernehmlassungsverfahrens detailliert Stellung beziehen und alles daran setzen, den Fahrplan des Bundesrates zu unterstützen. Bilaterale Verträge sind laut der Partei ein Garant für den wirtschaftlichen Wohlstand in der Schweiz. Auf die bilateralen Verträge und die EU als politischen und wirtschaftlichen Partner zu setzen, bedeutet für die CVP Arbeitsplätze in der Schweiz zu sichern. Die europapolitische Meinung deckt sich somit ziemlich stark mit der Positionierung der FDP, welche ebenfalls den bilateralen Weg als Garant für eine erfolgreiche Europapolitik sieht.

5.5 Die Grüne Partei sagt Ja zum EU-Beitritt – aber nicht um jeden Preis

Die Grüne Partei bezieht sich auf den Europabericht des Bundesrates und stellt die Interessenwahrung der Schweiz in den Vordergrund. Im Fokus stehen dabei die ökonomischen Interessen, was mit den bisherigen Abkommen bestätigt wird. Doch für die Grünen geht es in der Beziehung der Schweiz zum restlichen Europa um weit mehr als nur um Interessenwahrung und um Wirtschaftspolitik. Es geht vielmehr um eine Vision für Europa und ihre Rolle in der übrigen Welt. Laut Partei hat die Europäische Union große Verdienste geleistet, denn 60 Jahre Frieden zwischen den EU-Ländern sind keine Selbstverständlichkeit. Allein die Einigung in Europa und die Verhinderung neuer Kriege ist eine große Leistung der Union, die ihre Existenz bereits dadurch rechtfertigen kann. Beeindruckend ist laut den Grünen auch das Engagement der Europäischen Union in der sogenannten Nachbarschaftspolitik für die ehemaligen Ostblockländer, wodurch ein großer Beitrag zur Stabilisierung der Region geleistet worden ist.

Dank einer geschickten Vermittlungspolitik der EU und einer großzügigen Unterstützung für das wirtschaftliche Vorankommen können die Balkanländer langsam prosperieren. Die Politik der Union sichert aber auch das Wohlergehen der Schweiz längerfristig ab. Laut Positionspapier streben die Grünen deshalb seit 1998 einen Beitritt der Schweiz zur Europäischen Union an und begründen die Aussagen wie folgt:

- Eine starke und geeinte Europäische Union steht für eine gerechtere Globalisierung, wobei die wirtschaftliche Globalisierung im Zentrum der internationalen Politik steht. Ein Großteil der internationalen Institutionen wie beispielsweise die WTO stehen unter dem Einfluss der Großkonzerne und vertreten deren Interessen.

[257] Vgl. Darbellay 2008, o. S. [Hrsg.]

Die Aufgabe der EU sollte aus Sicht der Grünen darin bestehen, dem neo-liberalen Kurs durch soziale und ökologische Anliegen entgegenzuwirken. Der Partei ist sich bewusst, dass die Union die Aufgabe bereits wahrnimmt, jedoch noch viel zu zaghaft. Einzig Europa kann auf viele eigene Erfahrungen zurückgreifen, und eine starke und geeinte EU ist unabdingbar als Gegengewicht zur Großmacht USA von maßgeblicher Bedeutung.

- Europäische Zusammenarbeit ist notwendig. Ökologische, wirtschaftspolitische und soziale Fragen entziehen sich immer mehr dem ausschließlichen Einfluss von Nationalstaaten wie der Schweiz. Die Globalisierung der Wirtschaft und die Zunahme der Migration verstärken diese Tendenz zunehmend. Insbesondere im Umwelt- und Sozialbereich fehlt es der Schweiz an einem grenzüberschreitenden, integrierenden Lösungsansatz. Wirkungsvolle Politik heißt unter anderem, die Probleme auf der richtigen Ebene anzugreifen und zu lösen. Grenzüberschreitende

Probleme lassen sich auch nur übergreifend lösen. Der Beitritt der Schweiz zur EU würde es ermöglichen, in allen Bereichen mit der Europäischen Union zusammenzuarbeiten, nicht nur in den wirtschaftlich interessanten, sondern auch in den sensiblen Bereichen wie Umwelt, Menschenrechte, und Sozialpolitik. Nur so lässt sich der Druck des europäischen Standortwettbewerbs verringern, und die Schweiz profitiert ebenfalls davon.

- Die Schweiz kann sich beteiligen, da sie eine ausgeprägte föderalistische, demokratische und konsensorientierte Tradition hat. Es werden zwar nicht immer bessere oder effizientere Lösungen gefunden als in anderen Ländern, dafür kann sich jedoch die Schweizer Bevölkerung in einem hohen Maß bei der politischen Entscheidungsfindung einbringen. Die Nation hat einen großen Fundus an Erfahrungen mit dem Föderalismus, der direkten Demokratie und im Zusammenleben von verschieden Sprachen und Kulturen. Genau diese Erfahrungen kann die Schweiz in die Europäische Union einbringen.

- Die Schweiz liegt mitten drin. Europa ist sowohl als politische und geografische Größe eine Realität, welche die Schweiz umgibt. Die Erfahrung aus früheren Kriegen und dem Konflikt in Jugoslawien haben aber auch deutlich gemacht, wie wichtig eine dauerhafte Zusammenarbeit der Staaten von Europa ist, um die Stabilität von

Europa nachhaltig zu sichern. Anhaltender Frieden erfordert eine politische Integration aller europäischen Länder, und die Schweiz gehört auch dazu. Ein solides Fundament aus Rechtsstaatlichkeit, demokratischen Strukturen, wirtschaftlicher Zusammenarbeit, kultureller Integration und sozialer Solidarität ist die beste Voraussetzung dafür. Der Kleinstaat Schweiz liegt mitten in Europa, weshalb ein Abseitsstehen schon rein geographisch unverständlich ist. Doch auch historisch, ökonomisch und kulturell bestehen unzählige Bindungen an fast alle Länder Europas. Anstatt an ihrem Alleingang festzuhalten, können und sollen die Helvetier sich am gemeinsamen europäischen Projekt beteiligen. Dazu gehören auch diejenigen Bereiche, die der Schweiz auf den ersten Blick nicht nur Vorteile bringen. Letztlich profitiert auch die eigene Nation von Prosperität und Frieden auf dem Kontinent.

- Ein ganzes Paket statt Salamitaktik. Im Gegensatz zum bilateralen Weg werden beim Vollbeitritt alle Verhandlungsdossiers gleichzeitig auf den Tisch gelegt. Nur so ist eine breite Güterabwägung überhaupt möglich. Die gilt auch für die Europäische Währungsunion und den Euro. Die Schweiz darf und soll bei einem Vollbeitritt nicht länger ein isolierter Finanzplatz bleiben. Je weniger Verhandlungsbereiche, desto höher ist damit das Risiko, dass ein Bereich für Vorteile in anderen Handlungsfeldern zur Ader gelassen werden muss. Bei breit angelegten Beitrittsverhandlungen lassen sich die Vor- und Nachteile besser gegeneinander abwägen, und der Verhandlungsspielraum ist zudem bedeutend höher. Dieser Prozess ist wesentlich offener und transparenter, da die Bevölkerung nicht über Einzelanliegen entscheiden muss, ohne die Zusammenhänge im ganzen Prozess erkennen zu können.

Konkret steht für die Grüne Partei schon länger fest, dass der bilaterale Weg ausgedient hat. Es ist ein Weg der „Rosinenpickerei", bei dem es vor allen Dingen darum geht, die Interessen der Schweiz in der Außenwirtschaft zu zementieren – beispielsweise mit der Wahrung des Bankgeheimnisses. Der Bilateralismus ist unsicher und ineffizient. Alleine die Vielzahl der Volksabstimmungen im Rahmen der Bilateralen II macht deutlich, dass der Grundsatz der Abkommen immer aufs Neue in Frage gestellt werden kann. Ein einziges Nein an der Urne könnte genügen, um alle Errungenschaften vom schwer erkämpften Bilateralismus zu gefährden, auch wenn nicht alle Abkommen von der Europäischen Union mit einer Guillotine Klausel verknüpft sind.

Zudem ist der bilaterale Weg zäh, schwerfällig und zeitintensiv. Es dauert Jahrzehnte bis die Verträge ratifiziert werden können, und die bestehenden Abkommen müssen permanent an neue Entwicklungen innerhalb der Europäischen Union angepasst und neu werden.

Aufgrund der eingeschränkten Kapazitäten werden gewichtige Verhandlungsbegehren auf die lange ausgehandelt Bank geschoben. In

Bereichen wo keine Abkommen abgeschlossen werden konnten, steht die Schweiz abseits. Ein Beispiel dafür ist der Klimaschutz.

Die Grünen betonen, dass auch die fortschrittlichen Errungenschaften der EU im Sozialbereich, an welchen die Schweiz keinen Anteil hat, von großer Bedeutung sind. In den Bereichen Familienzulagen, Lohnausfallversicherung im Krankheitsfall und in der Gleichstellungspolitik sieht die Partei noch Verbesserungspotenziale.

Der Schweiz entgeht als Außenseiter die Möglichkeit der Mitsprache bei der Gestaltung des europäischen Gemeinschaftsrechtes. Stattdessen sieht sie sich immer mehr gezwungen, ihre Gesetze in diesen Bereichen an die europäischen Normen anzupassen.

Die Grünen lehnen den autonomen Nachvollzug deswegen ab, weil die Schweiz im Gegenzug nichts erhält. So argumentieren sie, dass wenn die Schweiz die Markenzulassung der Europäischen Union nach dem Cassis-de-Dijon-Prinzip anerkennt, so sind im Gegenzug die EU-Mitglieder nicht zu einer Anerkennung der schweizerischen Normen verpflichtet.

Nach den Grünen ergeben sich aber nicht nur Vorteile aus einem Beitritt. Es gibt auch Bereiche, die in der Schweiz sehr sensibel sind oder in welchen die Handhabung weitaus fortschrittlicher ist, als diejenige der Europäischen Union. So will die Partei bei einem EU-Beitritt die direktdemokratischen Errungenschaften des Landes nicht einfach preisgeben und stellt klare Bedingungen an einen Schweizer EU-Beitritt:

- Die Volksrechte der Schweiz dürfen durch einen EU-Beitritt nicht eingeschränkt werden. Formal betrachtet fordert ein Beitritt zwar keine direkten Anpassungen der föderalistischen Strukturen, der Institutionen, und der Volksrechte und auch die Instrumente der direkten Demokratie können in der jetzigen Form beibehalten werden. Der inhaltliche Anwendungsbereich würde jedoch in jenen Bereichen geschmälert, in denen die Kompetenzen von der nationalen auf die europäische Ebene übertragen werden. Bei den meisten von der Europäischen Union erlassenen Rechtsakten bleibt nationaler Handlungsspielraum bestehen, welcher mit direktdemokratischen Instrumenten ausgeschöpft werden kann. Ein Referendum gegen einen verbindlichen EU-Rechtsakt könnte jedoch zu einem Problem werden. Um Einschränkungen zu kompensieren, bedarf es aus Sicht der Grünen neuartige Volksrechte, wie die Europamotion, das Europareferendum und das konstruktive Referendum.

- Die Neutralität der Schweiz muss über einen EU-Beitritt hinaus dauerhaft erhalten bleiben. Die Schweiz soll auch weiterhin über eine eigenständige Sicherheitspolitik verfügen. Diese muss auf der Basis von Friedenspolitik, Entmilitarisierung, Prävention und nichtmilitärischen Interventionen basieren. Die Beteiligung der Schweiz an einer EU-Verteidigungspolitik oder gar an militärischen Konflikten und Kampfeshandlungen unter der Federführung der

Europäischen Union kommt für die Schweizer Grünen keinesfalls in Frage.

- Die Europäische Union verhärtet sich in einer völlig kontroversen Position zu einer grünen Verkehrspolitik. Die Priorität der Schiene wird aufgegeben, der Straßenbau extrem gefördert. Auch wäre eine leistungsabhängige Schwerverkehrsabgabe (LSVA) in der Union nicht möglich gewesen. Nach dem Beitritt von Österreich zur EU hat diese als erstes den Verkehrsvertrag zur Beschränkung der Lastwagenflut am Brenner gekündigt. Dies dürfe der Schweiz nicht auch widerfahren, halten die Grünen fest und fordern, dass die Errungenschaften wie eine LSVA oder die Alpeninitiative über einen Beitritt hinaus dauerhaft bestehen bleiben müssen.

- Die gemeinsame Agrarpolitik ist ein zentraler Bestandteil der Europäischen Union. Nach Ansicht der Grünen ist gerade auch für diesen doch sehr gebeutelten schweizerischen Sektor ein Vollbeitritt einem sektoriellen Freihandelsabkommen vorzuziehen. Es ist nach Meinung der Partei das kleinere Übel, denn nach dem Beitritt sinken die Preise und Kosten in allen Sektoren. Damit der Preisdruck die Bauern und Nahrungsmittel-Lieferanten nicht übermäßig belastet, muss die Schweiz großzügige Übergangsfristen aushandeln und den eingeschlagen Weg von Bio- und gentechfreien Produkten fortsetzen. Das Bio-Vorzeigland Österreich zeigt hier einen gangbaren Weg auf, und auch die Schweiz kann sich hier

Ausnahmen aushandeln. Die Autonomie bei Höhe und Art der Direktzahlungen in der Landwirtschaft muss für die Schweiz zudem unbedingt beibehalten bleiben.

- Die Entscheidung über die EU-weite Zulassung von gentechnisch manipulierten Pflanzen wird in Brüssel getroffen. Der Europäische Gerichtshof hat das Anbauverbot für gentechnisch verändertes Saatgut im Bundesland Oberösterreich beseitigt. Bei einer EU-Mitgliedschaft der Schweiz würde eine Abstimmung über eine neue Moratoriumsinitiative wohl schwierig. Daher muss die Schweiz diesen Bereich bereits schon bei den Beitrittsverhandlungen verbindlich schützten. Das Volksrecht muss klar erhalten bleiben – eine gentechfreie Schweiz muss auch innerhalb der EU für die Schweiz möglich sein.

- Nach EU-Vorstellung ist Boden ein ganz gewöhnliches Gut, das dem grenzüberschreitenden Handel uneingeschränkt offen zur Verfügung stehen soll. Die Grünen distanzieren sich vom internationalen Flucht- und Schwarzgeldkapital auf dem Grundstückmarkt, wodurch besonders in touristischen Zentren die Bodenpreise und Mieten für die Einheimischen in unerschwingliche Höhen schnellen.

- Bei einem EU-Beitritt müsste die Mehrwertsteuer von heute 7,6 auf 15 Prozent erhöht werden. Das ist faktisch eine Verdoppelung. Diese von der EU geforderte horrende Erhöhung soll unbedingt kompensiert werden. Tiefe und mittlere Einkommen dürfen durch die Erhöhung der Mehrwertsteuer nicht noch zusätzlich belastet werden. Die Grünen sehen als Kompensationsmechanismus die Rückerstattung über die obligatorische Krankenversicherung als gangbare Lösung. Es wird eine gestaffelte und mit großzügigen Übergangsfristen behaftete Einführung gefordert.

- Die EU-Beitrittskosten belaufen sich laut Europabericht auf rund 3,4 Milliarden Schweizer Franken jährlich. Entsprechend dem Finanzausgleich zahlen die reichen EU-Mitglieder solidarisch an die ärmeren Länder. Die Grünen unterstützen dieses Prinzip, denn nach Meinung der Partei ergibt es mehr Sinn, 3,4 Milliarden in den Zusammenhalt der Europäischen Union zu investieren, als jährlich 4 Milliarden Franken für das Schweizer Militär auszugeben. Ein Großteil des Geldes fließt über die Agrarpolitik, die Regionalpolitik und langfristig in Form von Wirtschaftswachstum wieder von der EU in die Schweiz zurück. Die Finanzierung der Beitrittskosten soll im Bundesbudget so erfolgen, dass die Profiteure des Beitritts den Löwenanteil der Kosten decken.

Damit die Schweizer Bevölkerung in absehbarer Zeit über einen EU-Beitritt abstimmen kann, soll bereits heute die Verhandlung mit der Union aufgenommen werden. Die Schweiz muss dabei die oben genannten Bereiche verbindlich schützen und daher mit klaren Bedingungen und Leitplanken in die Verhandlung eintreten. Dazu sind im Vorfeld transparent geführte offene Debatten über die Auswirkungen eines Beitritts notwendig, denn nur so wird eine Meinungsbildung ohne Zeit- und Meinungsdruck ermöglicht. Für die Partei heißt aber die Aufnahme der Beitrittsverhandlungen nicht, dass die Katze im Sack gekauft wird, sondern endlich konkrete Schritte hin zur Europäischen Union zu unternehmen und dem Schweizer Volk eine echte Wahlmöglichkeit zu bieten. Die Schweizer Grünen wünschen einen Beitritt, ohne die Europäische Union zu idealisieren, denn auch die Union hat ihre Stärken und Schwächen. Natürlich ist auch die Europäische Union verbesserungswürdig. Ihre Strukturen sind beispielsweise zu wenig demokratisch, die Abläufe sind oft zu bürokratisch, ökonomische Interessen dominieren und beeinflussen die Politik, und nach wie vor werden ökologische und soziale Anliegen zu wenig gewichtet.[258] Mit der vorgelegten Positionierung wird bestätigt, dass die Grünen zwar sehr stark für einen EU-Beitritt argumentieren, jedoch nur zu klar formulierten Bedingungen beitreten wollen.

[258] Vgl. Grüne Partei der Schweiz 2006, S. 4ff

6. Fazit

Die Bewertung der verschiedenen Positionen und der bestimmende Charakter der „Eigenheiten" der schweizerischen Gesellschaft zeigt allein auf, wie schwierig es für die Schweiz bleibt auf die sich erkennbaren Entwicklungen (Globalisierung, Flüchtlingsproblematik, spaltende Tendenzen in der EU, Eurokrise, Terrorismus) einzustellen. Die Berücksichtigung der schweizerischen Eigenheiten wird dabei eine zentrale Rolle spielen. Bei der instabilen Situation der EU, die sich neu organisieren muss, wird die Beitrittsfrage möglicherweise wieder eine wesentlichere Bedeutung für die zukünftige Politik der Schweiz bekommen.

Herstellung und Verlag:
BoD - Books on Demand, Norderstedt
ISBN 978-3-7431-7952-3